高职高专经济管理类通用教材

财务报告分析

CAIWU BAOGAO
FENXI

主　编◎　张丽萍

暨南大学出版社
JINAN UNIVERSITY PRESS

中国·广州

图书在版编目(CIP)数据

财务报告分析/张丽萍主编 . —广州:暨南大学出版社,2011. 7(2014. 1 重印)
(高职高专经济管理类通用教材)
ISBN 978 - 7 - 81135 - 841 - 4

Ⅰ. ①财…　Ⅱ. ①张…　Ⅲ. ①会计报表—会计分析　Ⅳ. ①F231. 5

中国版本图书馆 CIP 数据核字(2011)第 078768 号

出版发行:暨南大学出版社

地　址:中国广州暨南大学
电　话:总编室(8620)85221601
营销部(8620)85225284　85228291　85228292(邮购)
传　真:(8620)85221583(办公室)　85223774(营销部)
邮　编:510630
网　址:http://www. jnupress. com　http://press. jnu. edu. cn

排　版:广州市天河星辰文化发展部照排中心
印　刷:佛山市浩文彩色印刷有限公司

开　本:787mm × 1092mm　1/16
印　张:11. 25
字　数:285 千
版　次:2011 年 7 月第 1 版
印　次:2014 年 1 月第 2 次
印　数:3001—5000 册

定　价:25. 00 元

前言

随着行业竞争的不断加剧，社会对人才的知识要求也日趋专业化、深入化、全面化。通过对高职院校大学生就业状况的跟踪调查也发现：文员、业务、管理等岗位具有一定财务素养的大学生能快速融入企业；而在企业生产一线岗位的大学生除了具有较强的技能外，更由于掌握一定的财务分析能力，对企业成本核算更为敏感，获得提升的机会也更多；财务工作贯穿企业经营的方方面面，自主创业的大学生如能掌握一定的财务基础知识及财务分析能力更是获益匪浅。因此，财务报告分析技能对高职大学生实际工作的作用越来越重要，目前高职院校在课程设置安排、课时的比例中财务报告分析技能训练所占的比重也在逐渐增加。但现在的财务报告分析书籍中专业教材大多是针对会计专业的大学生，专业性太强，大量的会计术语对非财会专业学生来说晦涩难懂，在教学中对教师与学生双方均造成困难，而通俗读本又不太适合作为教学用书。

本教材正是以此为出发点编写的。在编写过程中，及时将最新的《企业会计准则》及《企业会计准则——应用指南》中与财务报告相关的内容融入各章节，保证教材内容的前瞻性。对于财务信息，旨在运用通俗易懂、深入浅出的语言提炼出财务报告分析的精粹之处，关注的更多是其理解和使用，而非这些财务信息的加工和收集过程。在具体内容的选择上，以"已经编成的财务报告"为基础，围绕"财务报告的分析利用"展开。在体例上，以能力为本位，以够用为尺度，以实用为目的，以工作领域的行动导向作为教材编写的主线，采用项目主导的形式划分任务并辅以具体案例，使学生快速掌握财务报表分析技能。全书分为6个单元、20个项目、54个任务，每个任务以案例导入、基础知识、案例分析展开，在完成每个任务的基础上配之以单元综合练习进行技能训练。本书形式新颖，脉络清晰，配有单元综合练习答案及电子课件（电子邮箱：576535762@qq.com），可读性和实用性较强，任课教师对内容适当进行选取就可对学生进行分层教学，同时也是财会人员及管理人员岗位培训的理想用书。

在本书的编写过程中，得到了暨南大学出版社的大力支持和帮助，同时引用了许多作者的教学案例和学术成果，在此一并表示衷心感谢！由于编者水平有限，书中难免会有纰漏和不足，恳请广大专家和读者批评指正。

编　者

2011年2月

目 录

单元一　会计基础知识概述

学习目标

了解会计语言的规则及财务报告的构成及使用者；理解会计核算的基本原则及会计语言的六要素；掌握所学会计基础知识，为财务报告分析作准备。

案例导入

某总经理因企业的利润较高，但无可供支配的现金，便责问其财务部门负责人：你们把利润弄到哪里去了？

问题：(1) 总经理的问题提得合不合理？(2) 作为非财务人员，你认为了解财务知识有必要吗？

项目一　会计是企业的语言

会计语言所描述的内容，就是用货币表现出来的经济活动。会计在描述经济活动时需要借助一种载体，会计语言中所使用的载体就是大家所熟悉的会计凭证、会计账簿和财务会计报告。会计是企业内部交流的工具，是国家内部通用的语言（企业与企业、企业与银行、企业与政府），是国际通用语言。

任务1－1　了解会计语言的规则

案例导入

2004年9月10日王老师到财务处报账时，李会计说有一张发票因金额是更改过的，不能给予报销。王老师认为是收款员改的又不是自己改的，要求报销。李会计解释说，如果报销就违反了企业会计制度。

问题：财务人员这样解释对吗？

基础知识

一、会计语言规则

为了向人们描述真实的、完整的、可用的会计信息，会计必须遵守自己的语言规则。在我国，会计语言的规则主要有四个层次：

1.《中华人民共和国会计法》

《中华人民共和国会计法》是由全国人大常委会批准的。它是我国进行会计工作的基本依据，具有高度强制性，在会计语言规则中处于最高层次，居于核心地位，是其他会计语言规则制定的出发点。《会计法》的立法宗旨主要体现为“规范会计行为，保证会计资料真实、完整，加强经济管理和财务管理，提高经济效益，维护社会主义市场经济秩序”。

2.《企业财务会计报告条例》

《企业财务会计报告条例》是国务院颁布的关于会计工作的基本规则。《会计法》的立法宗旨主要体现为“规范企业财务会计报告，保证财务会计报告的真实、完整”。企业（包括公司，下同）编制和对外提供财务会计报告，应当遵守本条例。

3.《企业会计准则》

《企业会计准则》是由中华人民共和国财政部颁布的，它对企业会计工作的约束是缩小会计惯例中差别和变异的范围，而不是只允许一种解决方案。换句话说，企业对会计准则应用具有灵活性；在具体方法的选择上，具有一定的可选择性，侧重于对经济活动的确认、计量。

4.《企业会计制度》

《企业会计制度》也是由中华人民共和国财政部颁布的。企业会计制度一方面受国家法令和制度的约束，另一方面要适应专业的条件。因此，基层单位制定会计制度要根据《企业会计制度》的统一规定，并适应企业的内部条件，侧重于经济活动的记录和报告。相比之下，《企业会计制度》的法律效力最低。

二、《中华人民共和国会计法》对单位相关工作提出的要求

1. 对单位负责人的要求

《会计法》明确规定：“单位负责人对本单位的会计工作和会计资料的真实性、完整性负责；任何单位或者个人不得以任何方式授意、指使、强令会计机构、会计人员伪造、变造会计凭证、会计账簿和其他会计资料，提供虚假财务会计报告；任何单位或者个人不得对依法履行职责、抵制违反本法规定行为的会计人员实行打击报复。”这实际上确立了单位负责人的会计责任主体地位。

《会计法》附则中对单位负责人作了专门解释。单位负责人，是指单位法定代表人或者法律、行政法规规定代表单位行使职权的主要负责人。谁在单位主持工作，会计违法后就追究谁的责任。

2. 对会计核算的要求

《会计法》明确规定：“财务会计报告应当由单位负责人和主管会计工作的负责人、会计机构负责人（会计主管人员）签名并盖章”；并规定“单位负责人应当保证财务会计报告真

实、完整”。

针对单位负责人因故不能亲自签字而报表的报送时效性又很强的情况，《会计法》规定，单位负责人可以委托别人代签。但是不管谁代签，法律责任还是由单位负责人承担，委托人要对代理人的行为负责。

3. 对会计监督的要求

《会计法》明确规定：“各单位应当建立、健全本单位内部会计监督制度。”强调企业要自己管好自己，要建章立制。如果企业因没有必要的规章制度而出了问题，那么主要责任都应该由单位负责人来承担；如果建立了制度还是出了问题，那么在哪里出问题就应该追究哪里的责任。

4. 对会计机构和会计人员的要求

《会计法》规定，单位如没有健全的会计机构、聘用的会计没有会计证，要追究单位负责人的责任；如果出现会计造假，除了追究单位负责人的法律责任外，负直接责任的会计人员同样也要受到相应的法律制裁。

三、违反《会计法》的法律责任

《会计法》规定，违反《会计法》将由财政部或县级以上人民政府的财政部门依法对企业进行处罚，但是，《会计法》所处罚的内容仅限于违法而不是犯罪。如果企业只是违反了《会计法》但不构成犯罪，只按照《会计法》来追究；如果违反了《会计法》而且构成了犯罪，将依据《中华人民共和国刑法》加以追究。

1. 违反会计制度

《会计法》规定，有下列违法违纪行为之一的：“不依法设置会计账目的行为、以未经审核的会计凭证为依据登记会计账簿或者登记会计账簿不符合规定的行为、向不同的会计资料使用者提供的财务会计报告编制依据不一致的行为”，由县级以上人民政府财政部门责令限期改正，可以对单位并处3 000元以上5万元以下的罚款；对其直接负责的主管人员和其他直接责任人员，可以处2 000元以上2万元以下的罚款；属于国家工作人员的，还应当由其所在单位或者有关单位依法给予行政处分。

2. 伪造、变造会计资料

尚不构成犯罪的，由县级以上人民政府财政部门予以通报，可以对单位并处5 000元以上10万元以下的罚款；对其直接负责的主管人员和其他直接责任人员，可以处3 000元以上5万元以下的罚款；属于国家工作人员的，还应当由其所在单位或者有关单位依法给予撤职直至开除的行政处分；对于其中的会计人员，由县级以上人民政府财政部门吊销会计从业资格证书。

3. 隐匿或故意销毁会计资料

尚不构成犯罪的，由县级以上人民政府财政部门予以通报，可以对单位并处5 000元以上10万元以下的罚款；对其直接负责的主管人员和其他直接责任人员，可以处3 000元以上5万元以下的罚款；属于国家工作人员的，还应当由其所在单位或者有关单位依法给予撤职直至开除的行政处分；对其中的会计人员，并由县级以上人民政府财政部门吊销会计从业资格证书。

4. 单位负责人授意、指使或强令会计人员违法

尚不构成犯罪的，可以处5 000元以上5万元以下的罚款；属于国家工作人员的，还应当

由其所在单位或者有关单位依法给予降级、撤职、开除的行政处分。

案例分析

《会计法》规定，发票写错了，这张发票就得作废，必须重开。上述案例中李会计的解释是不对的，违反的是《会计法》而不是企业会计制度。

任务1－2　理解会计语言的六要素

案例导入

甲、乙、丙三位同学共同出资2万元，向银行借了1万元办了彩印社。经过一年的经营，年终结算时经营收入为3.5万元，支出2万元。

问题：彩印社的财务状况、经营成果如何？

基础知识

会计语言主要由两组词汇构成：一组是反映企业财务状况的会计语言词汇；另一组是反映企业在一定期间经营成果的会计语言词汇，即会计六要素——资产、负债、所有者权益、收入、费用、利润。

一、反映企业财务状况的会计语言词汇——“时点数”

资产：是指由企业过去的交易或者事项形成的、由企业拥有或者控制的、预期会给企业带来经济利益的资源。简单地说，资产就是企业的资源。

负债：一般的解释是，企业承担的，能够以货币计量的，需要以资产或劳务承付的现实义务。简单地说，负债就是所欠的钱。

所有者权益：是指企业资产扣除负债后由所有者享有的剩余权益。公司的所有者权益又称为股东权益。在特定时点上：

资产＝负债＋所有者权益（会计恒等式）

表1－1　资产负债表　　会企01表

编制单位：A公司　　2009年12月31日　　单位：元

资产	期末数	负债及所有者权益	期末数
现金	1 000	应付账款	2 000
应收账款	800	所有者权益	8 000
存货	1 200		
固定资产	7 000		
资产总额	10 000	负债及所有者权益总额	10 000

二、反映企业在一定期间经营成果的会计语言词汇——“期间数”

收入：是指企业在日常活动中所形成的、会导致所有者权益增加的、与所有者投入资本无关的经济利益的总流入，包括销售商品收入、劳务收入、让渡资产使用权收入、利息收入、租金收入、股利收入等，但不包括为第三方或客户代收的款项。

费用：是指企业在日常活动中发生的、会导致所有者权益减少的、与向所有者分配利润无关的经济利益的总流出。

利润：是指企业销售产品的收入扣除成本价格和税金以后的余额。在特定时段上：

利润 = 收入 − 费用

表 1－2　利润表　　会企 02 表

编制单位：××公司　　2009 年　　单位：元

项目	本期金额	上期金额（略）
一、营业收入	1 250 000	
减：营业成本	750 000	
…	…	
销售费用	20 000	
…	…	
四、净利润（净亏损以“－”号填列）	225 000	

案例分析

彩印社年底的财务状况是资产 2 万元、负债 1 万元、所有者权益 1 万元；一年的经营成果 1.5 万元（3.5－2）。

任务 1－3　理解会计核算的一般原则

案例导入

假设某企业于 2009 年 7 月出租一台设备，租期半年，但到 2010 年 1 月才收到租金，假定这笔租金收入共 6 000 元，即每月 1 000 元。

问题：按照权责发生制，出租设备的那一方如何对租金收入进行确认？

基础知识

《企业会计准则》规定我国会计工作应遵循的原则包括 12 项，这些原则都是一些最基本的规范性原则。我们仅介绍和解释其中与确认计量要求有关的一般原则：划分资本性支出与收益性支出原则、权责发生制原则、配比原则、历史成本原则。这几个原则是会计信息形成与存在的依据，学习这些内容可以为以后学习财务报表分析打下良好的基础，帮助我们逐步形成会计理念，以会计思路来考虑问题。

一、划分收益性支出与资本性支出原则

它是指企业的会计核算应当合理划分收益性支出与资本性支出的界限。所谓资本性支出就是指这项支出不仅仅是为本期而花的支出，也是为以后赚钱而花的，比如企业购买一台机床设

备，这台机床不会在本会计期就报废，会一直用较长时间；所谓收益性支出，就是为取得本期收入而花的钱，比如购买原材料。资本性支出应计入资产负债表，记作资产；而收益性支出直接计入损益表，以反映当期的经营成果。

二、配比原则

它是指企业在进行会计核算时，收入与其成本、费用应当相互配比，同一会计期间内的各项收入和与其相关的成本、费用，应当在该会计期间内确认、计量和记录，而不能提前或延后，否则就会造成经营成果虚假不实。例如，某企业在 2006 年 6 月向银行借了一笔 5 年期的长期借款，在 2010 年 6 月企业向银行一次性支付借款利息 600 万元，如果把这 600 万元借款利息直接计入 2010 年 6 月份的费用支出，那就大错特错了。正确的做法是：按照配比原则，从 2006 年到 2010 年，每个月摊销 10 万元利息费用，5 年恰好摊销完，而不应作为最后一次性偿还时那一期间的费用。

三、权责发生制原则

它是按照权利和责任是否发生来确认收入和费用的归属期，按照权责发生制原则的要求，凡是当期实现的收入和已经发生或者应当负担的费用，不论款项是否收付，都应当作为本期的收入和费用入账；凡不属于当期的收入和费用，即使款项已在当期收付，也不应作为当期的收入和费用处理。收付实现制是与权责发生制相对应的一种确认基础，它是以收到或支付现金作为确认收入和费用的依据。

四、历史成本原则

它又称为实际成本原则或原始成本原则，是指企业的各项财产在取得时应当按照实际成本计量。其后，各项财产如果发生减值，应当按照企业会计制度规定计提相应的减值准备，除法律、行政法规和国家统一的会计制度另有规定外，企业一律不得自行调整其账面价值。比如说，某公司在 2000 年花费 5 000 万元购买一台机床设备，这 5 000 万元就是该项资产的历史成本。

案例分析

按照权责发生制，出租设备的那一方，应在每月末确认未收取的现金收入 1 000 元，而不必等到现金收到时才确认。因为，企业已享有收取这笔租金的权利。同样，对设备租入方而言它应将这笔租入设备的费用确认为实际使用该设备的期间 2000 年 7—12 月的费用。因为此时这笔费用的义务——支付设备租金——已经形成。

项目二　财务会计报告

任务2－1　了解财务会计报告的作用及使用者

案例导入

《经济周刊》曾在其头版头条对了解财务报告的重要性进行了报道。1996年11月25日出版的该杂志上刊载了为提高董事会成员专业水平而颁布的公司董事联合会的新指南，其中指出“公司董事应该知道怎样阅读资产负债表、损益表和现金流量表，应该了解财务比率的使用方法和其他业绩评价的指标”。

问题：你认为财务会计报告的不同使用者所关心的是什么？

基础知识

财务会计报告是指企业对外提供的反映企业某一特定日期的财务状况和某一会计期间的经营成果、现金流量等会计信息的文件。

一、财务会计报告的作用

财务会计报告可向财务会计报告使用者提供与企业财务状况、经营成果和现金流量等有关的会计信息，反映企业管理层受托责任履行情况，有助于财务会计报告使用者做出经济决策。

1. 财务会计报告是国家进行经济宏观调控的依据

通过对会计报表的逐级汇总，便于国家掌握国民经济的发展速度，是国家经济管理部门制定宏观经济管理政策和经济决策的重要信息来源。

2. 为主管部门、投资者、债权人及其他外部单位和部门提供信息

通过财务会计报告，可以使上级主管部门了解企业的经营业绩，全面认识企业的财务状况和经营成果，以指导、帮助企业沿着正确的轨道发展；有助于投资者、债权人和潜在投资者对不同企业的经营业绩、财务实力进行比较分析，以确定其投资和贷款方向，减少投资风险，有利于保持国民经济的健康稳定发展。

3. 为单位内部的经营管理者职工提供必要的信息

通过财务会计报告，可以使经营管理人员掌握本单位经济活动、财务收支和财务成果的全部情况，分析本单位在经营活动中的优势，查明问题存在的原因，不断改进经营管理工作，以便正确地进行经营理财决策，提高经济效益；各单位的职工、职工代表大会也可以通过会计报表提供的数据资料，更好地参与单位的经营管理活动。

4. 促进社会资源的合理配置

通过编制和提供有用的财务会计报告，使财务会计报告的使用者借助于财务信息和其他信息来源，促进资本市场和其他市场的有效运作，并促进有限的社会资源得到合理分配。

二、财务会计报告的主要使用者

编制会计报表的目的是为了向会计报表的使用者提供其在经济决策中有用的信息，包括企业的财务状况、经营业绩和财务状况变动的资料。一般说来，会计报表的主要使用者有以下几个方面：

1. 投资者

投资者包括企业所有者和潜在的投资者。他们进行报表分析的最根本目的是了解企业的盈利能力状况，因为盈利能力是投资人资本保值和增值的关键。但是投资人仅关心盈利能力还是不够的，为了确保资本保值增值，他们还要研究企业的权益结构、支付能力及营运状况。只有投资人认为企业有着良好的发展前景，企业的所有者才会保持或增加投资，潜在投资者才会把资金投入该企业。否则，企业所有者将会尽可能抛售股权，潜在投资者将会转向其他企业投资。另外，对企业所有者而言，财务报表也可用来评价企业经营者的经营业绩，发现经营过程中存在的问题，从而通过行使股东权利，为企业未来发展指明方向。

2. 债权人

债权人包括企业借款的银行及金融机构，以及购买企业债券的单位与个人等。债权人进行报表分析的目的与经营者和投资者都不同。他们一方面从各自经营或收益目的出发，愿意将资金贷给某企业；另一方面又要非常小心地观察和分析该企业有无违约或清算破产的可能性。一般情况下，银行、金融机构及其他债权人不仅要求本金及时收回，而且要得到相应的报酬或收益，而收益的大小又与其承担的风险程度相适应。通常偿还期越长，风险越大，收益越高。因此，从债权人角度进行财务报表分析的主要目的：一是看其对企业的借款或其他债权是否能及时、足额收回，即研究企业偿债能力的大小；二是看债权人的收益状况与风险程度是否相适应。为此，还应将偿债能力与盈利能力结合起来进行分析。

3. 经营者

经营者主要是指企业的经理以及各分厂、部门、车间的管理人员。他们进行报表分析的目的是综合性和多方面的。从对所有者负责的角度，他们首先应关心盈利能力，这只是他们的总体目标。但是，在报表分析中，他们不仅关心盈利的结果，还关心盈利的原因及过程，如资产结构分析、营运状况与效率分析、经营风险与财务风险分析、支付能力与偿债能力分析等。其目的是及时发现生产经营中存在的问题与不足，并采取有效措施解决这些问题，使企业不仅能用现有资源实现更多盈利，而且使企业盈利能力保持持续增长。

4. 政府有关部门

政府有关部门主要是指工商、财政、税务以及审计等部门。他们最关注国家资源配置和运用情况，其进行财务报表分析的目的：一是监督检查党和国家的各项经济政策、法规、制度在企业的执行情况；二是保证企业财务信息和财务报表的真实性、准确性，为宏观决策提供可靠信息。

5. 业务关联单位

业务关联单位主要指材料供应者、产品购买者等。这些单位出于保护自身利益的需要，也非常关心往来企业的财务状况，并进行财务报表分析。他们在分析时最关注的是企业的信用状况，包括商业上的信用和财务上的信用。商业信用是指按时、按质完成各种交易的行为；财务信用则指及时清算各种款项的信誉。对企业信用状况进行分析，既可以通过对企业支付能力和偿债能力的评估进行，又可以通过对企业利润表中反映的企业交易完成情况进行分析判断来说明。

6. 企业内部职工

企业内部职工最关注的是企业为其所提供的就业机会及其稳定性、劳动报酬高低和职工福利好坏等方面的资料。而这些情况又与企业的债务结构及其盈利能力密切相关。因此，依据企业财务报表，除了需要分析以上信息外，还需关注和评价有关职工福利等方面的情况。

案例分析

财务会计报告的不同使用者所关心的角度是不同的，具体来说：股东/投资者关心的是营业收入、净利润、每股盈余、股东权益、未来营运展望；经营者关心的是营业收入、资产/负债状况、现金流量、净利润；政府/证监会/税务机关关心的是营业收入、税前净利、税收优惠、是否依法申报；银行/债权人关心的是营业收入、负债比、利息保障倍数、资产质量、现金流量、应收账款账期/金额；供货商关心的是营业额多少、材料/成品库存、现金流量、应付账款；员工关心的是公司赚了多少钱、公司资产是否雄厚、分红/配股。

任务2－2　了解财务会计报告的构成及分类

案例导入

2007年以前，公司所有者权益变动情况是以资产负债表附表形式予以体现的。新准则颁布后，要求上市公司于2007年正式对外呈报所有者权益变动表，所有者权益变动表将成为与资产负债表、利润表和现金流量表并列披露的第四张财务报表。这四张表所反映的内容及侧重点均不同。

问题：资产负债表、利润表反映的内容和侧重点有什么不同？

基础知识

一、财务会计报告的构成

根据《会计法》第二十条第二款规定："财务会计报告由会计报表、会计报表附注和财务情况说明书组成。"财务会计报告包括文字部分和数字部分。

（一）文字部分

1. 会计报表附注

会计报表附注是为便于会计报表使用者理解会计报表的内容而对会计报表的编制基础、编制依据、编制原则和方法及主要项目等所作的解释。会计报表附注是财务会计报告的一个重要组成部分，它有利于增进会计信息的可理解性，提高会计信息可比性和突出重要的会计信息。

2. 财务情况说明书

财务情况说明书是指企业内部会计人员对本单位财务情况的说明。例如，生产经营情况、盈利情况、资金的使用情况等。

3. 注册会计师的审计报告

审计报告是指注册会计师根据中国注册会计师审计准则的规定，在实施审计工作的基础上对被审计单位财务报表发表审计意见的书面文件，分为标准审计报告和非标准审计报告。

(二) 数字部分

会计报表是指企业以一定的会计方法和程序由会计账簿的数据整理得出，以表格的形式反映企业财务状况、经营成果和现金流量的书面文件，是财务会计报告的主体和核心。企业会计报表按其反应的内容不同，分为资产负债表、利润表、现金流量表及所有者权益变动表。

1. 资产负债表

亦称财务状况表，表示企业在一定日期（通常为各会计期末如 12 月 31 日）的财务状况（即资产、负债和业主权益的状况）的主要会计报表。

2. 利润表

利润表是反映企业在一定会计期间经营成果的报表。例如，反映 1 月 1 日至 12 月 31 日经营成果的利润表，由于它反映的是某一期间的情况，所以，又称为动态报表。有时，利润表也称为损益表、收益表。

3. 现金流量表

现金流量表所表达的是在一定会计期间（通常是每月、每季，主要是每年）内，一家机构的现金（包含现金等价物）的增减变动情形。（通俗地讲，该表说明企业是否有钱花）

上述会计文件的阅读顺序：注册会计师审计报告、财务情况说明书、会计报表附注、会计报表。

4. 所有者权益变动表

所有者权益变动表是反映公司本期（年度或中期）内截至期末所有者权益变动情况的报表。其中，所有者权益变动表应当全面反映一定时期所有者权益变动的情况。

二、财务会计报告的分类

企业的会计报表按照其服务对象、报表的编制时间、编制单位等可分为不同的种类。

(一) 按其服务对象分为外部报表和内部报表

外部报表是企业向外部的会计信息使用者报告经济活动和财务收支情况的会计报表，如资产负债表、利润表、现金流量表和所有者权益变动表。这类报表一般有统一的格式和编制要求。

内部报表是用来反映经济活动和财务收支的具体情况，为管理者进行决策提供信息的会计报表。这类报表无规定的格式和种类。

(二) 会计报表按照编制的时间可分为中期报表和年报

年报是年度终了以后编制的，全面反映企业财务状况、经营成果及其分配、现金流量等方面的报表。标准的年终结算报告，应该包括三部分，即会计报表、会计报表附注和财务情况说明书。

中期报表是指短于一年的会计期间编制的会计报表，包括：

（1）半年末报表是指每个会计年度的前六个月结束后对外提供的财务会计报告。半年报，即中期报告，通常要求编制资产负债表、利润表、现金流量表和会计报表附注，但并不要求写财务情况说明书。

（2）季报是季度终了以后编制的报表，种类比年报少一些。

（3）月报是月终编制的会计报表，只包括一些主要的报表，如资产负债表、利润表等。

（三）会计报表按其编制单位可分为单位会计报表、汇总会计报表和合并会计报表

单位会计报表是由独立核算的会计主体编制的，用以反映某一会计主体的财务状况、经营成果的会计报表。

汇总会计报表是由上级主管部门、专业公司根据基层所属企业所编制的报表加以汇总编制的报表，汇总编制时还包括主管部门、专业公司本身的业务。

合并会计报表是控股公司把其本身与其附属公司看作是一个统一的经济实体，用一套会计报表来反映其拥有或控制的所有资产和负债，以及其控制范围内的经营成果的会计报表。合并报表反映的是控股公司与其附属公司共同的财务状况和经营成果。

案例分析

资产负债表反映的内容是资产、负债、所有者权益在一定日期有多少，侧重反映的是企业的财务状况。利润表反映的内容是收入、费用、利润在一定会计期间有多少，侧重反映的是企业的经营成果。

项目三　财务报表分析的基本方法

财务报表分析的方法是指分析工作中用来测算数据、权衡效益、揭示差异、查明原因的具体方法，它是为达到分析目的所采用的手段和措施。

任务3-1　掌握比较分析法

案例导入

通过查找资料。A公司销售收入上年数为405 000元，计划数为420 000元，实际数为450 000元，先进企业为500 000元。（假定先进企业与本企业规模相等）

问题：对A公司销售收入进行比较分析。

基础知识

比较分析法是通过指标对比，从数量上确定差异，并进一步分析原因的分析方法，它是财务报表分析中最基本的方法。具体公式如下：

实际指标 - 标准指标 = 差异

差异又分为有利差异和不利差异两种。正指标（对企业越大越有利的指标）大于零或反指标（对企业越小越有利的指标）小于零的差异为有利差异；反指标大于零或正指标小于零的差异为不利差异。

比较分析法中常用的比较标准有：

1. 公认标准

公认标准是指各类企业在不同时期都普遍适用的评价标准指标。如流动比率的公认标准是 2∶1，速动比率的公认标准为 1∶1 等。通过与公认标准指标进行比较，可以了解企业的实际指标与社会公认的标准指标之间的差距，并进一步查明产生差异的原因。

2. 目标标准

目标标准是指企业通过努力应该达到或实现的理想标准，如企业制订的计划或定额。通过与目标标准指标进行比较，可以了解指标的完成情况，揭示产生差异的原因，提出有针对性的改进措施，以强化企业管理。

3. 行业标准

行业标准是指某项指标的同行业平均水平或同行业的先进水平，如 42 寸液晶电视的利润率的行业平均水平为 10%，行业先进水平为 15%。经过与行业标准指标进行比较，可以揭示本企业与先进企业之间的差距，了解本企业在同行业竞争中所处的地位。

4. 历史标准

历史标准是指某项指标的历史同期数或历史最好水平，即企业过去曾经达到的标准。通过与历史标准进行比较，可以揭示企业生产经营的变化趋势、目前存在的差距以及今后的努力方向。

运用比较分析法，应注意比较指标在内容、时间、计价标准上的可比性。只有口径一致，才能使比较的结论客观、可信。

案例分析

该产品本年的销售收入虽然较上年增加了 45 000 元，较计划增加了 30 000 元，但仍低于同行业先进企业 50 000 元。说明该产品在销售上取得了一定成绩，但与先进企业相比还有较大差距，应进一步分析其中存在的问题并提出有效的改进措施。

任务 3 - 2　掌握比率分析法

案例导入

A、B 两个公司属同一行业，A 公司本年度营业收入为 4 000 万元，利润额为 360 万元；B 公司本年度营业收入为 1 000 万元，利润额为 110 万元。

问题：你将如何评价 A、B 两个公司当年的经营成果？

基础知识

比率分析法是一种特殊形式的比较分析法，它是通过计算两项相关数值的比率，来揭示企业财务活动的内在联系，分析经济现象产生原因的分析方法。由于它使用相对数指标进行比较分析，不受规模限制，因此在实际工作中得到了广泛的应用。常用的形式有：

1. 相关比率分析

相关比率分析是将两个性质不同但又相关的指标加以对比，算出比率，用以分析经济现象的分析形式。该形式能揭示企业活动的内在相互关系，所以在财务报表分析中应用广泛，多用于对财务指标的分析，如流动比率、资产负债率、总资产报酬率等指标均属此类。

2. 构成比率分析

构成比率分析是计算某一指标各组成部分的数额占总体数额（各项目之和）的比重（比率），通过评价该指标内部结构的变动，来分析经济现象的分析形式。该形式能揭示部分与整体的内在相互关系，所以多用于编制垂直比较分析报表和进行成本费用构成分析。

运用比率分析法，应注意对比指标的相关性，如果将不具有相关关系的指标进行对比，则对分析财务报表是毫无意义的。

案例分析

A、B 两个公司规模不同，收入与利润产生巨大差异实属正常，所以运用绝对数指标进行比较分析不足以说明问题。如果先计算营业利润率指标，结果就会不言而喻。

A 公司营业利润率 = 360/4 000 × 100% = 9%

B 公司营业利润率 = 110/1 000 × 100% = 11%

结论：B 公司平均每百元营业收入创造的利润比 A 公司多 2 元，自然是 B 公司经营得好。

任务 3 - 3　理解因素分析法

案例导入

某企业 A 产品销售收入资料，如表 1 - 3 所示。

表 1 - 3　A 产品销售收入资料

项目	计划数	实际数	差异数
销售收入（万元）	1 000	1 056	+56
销售数量（台）	200	220	+20
销售单价（万元）	5	4.8	-0.2

问题：采用差额计算法计算各因素变动对产品销售收入计划完成情况的影响程度。

基础知识

因素分析法是把综合指标分解为各个组成要素，确定各要素对综合指标的影响程度和影响方向的分析方法。因素分析法最常见的应用形式是连环替代法。

运用连环替代法，应注意替代计算的顺序性；对比计算的连环性；计算结果的假定性。替换顺序的排列规则是：先数量指标，后质量指标；先实物量指标，后价值量指标；先主要因素，后次要因素；先分子，后分母。

连环替代法的简化形式是差额计算法。假设有三个因素：

（实际指标 1 − 标准指标 1） × 标准指标 2 × 标准指标 3

实际指标 1 × （实际指标 2 − 标准指标 2） × 标准指标 3

实际指标 1 × 实际指标 2 × （实际指标 3 − 标准指标 3）

运用差额计算法，当确定某一因素变动影响时，括号中用该因素的实际指标减标准指标求差异，括号前的因素为实际指标，括号后的因素为标准指标。

案例分析

分析对象：销售收入实际数 − 销售收入计划数 = 1 056 − 1 000 = 56（万元）

影响销售收入计划完成情况的因素：销售收入 = 销售数量 × 销售单价

具体分析：销售数量变动的影响数 = （220 − 200） × 5 = 100（万元）

销售单价变动的影响数 = 220 × （4.8 − 5） = −44（万元）

综合影响数 = 100 − 44 = 56（万元）

任务 3－4　理解趋势分析法

案例导入

某企业自 2007 至 2009 年的产品销售额分别是 620 万元、635 万元和 642 万元。

问题：计算定基动态比率和环比动态比率的发展速度与增长速度指标，并对销售业绩的发展趋势作出简要评价。

基础知识

趋势分析法是计算连续若干期的相同指标，揭示和预测财务状况或经营成果发展趋势的分析方法，也称为动态比率分析法。连续若干期的相同指标可以用绝对数，如连续 5 年的净利润；也可以用相对数，如连续 5 年的资本收益率等。趋势分析法包括定基动态比率分析与环比动态比率分析两种形式。

（1）定基动态比率分析。又称为定基比率分析，它是将某指标在某一时期的数额固定为基期数额而计算出一系列的动态比率，借以分析该指标同比变动趋势的分析方法。其计算公式为：

定基动态比率（又称定基发展速度） = 分析期数额 ÷ 固定基期数额

定基增长速度 = 定基动态比率 − 1

（2）环比动态比率分析。又称为环比比率分析，它是将某指标在每一分析期的前期数额固定为基期数额而计算出一系列的动态比率，借以分析该指标环比变动趋势的分析方法。其计算公式为：

环比动态比率（又称环比发展速度） = 分析期数额 ÷ 前期数额

环比增长速度 = 环比动态比率 − 1

在财务报表分析中，经常对总资产、营业利润及净利润等指标进行动态计算与分析，借以揭示企业规模的发展趋势及长期获利能力。

案例分析

有关指标计算结果，如表1－4所示。

表1－4　有关指标计算结果

指标＼年度	2007	2008	2009
销售收入（万元）	620	635	642
定基发展速度（%）		106	107
定基增长速度（%）		6	7
环比发展速度（%）		102	101
环比增长速度（%）		2	1

评价：产品销售额逐年上升，定基发展速度和增长速度也表现出不断上涨的态势，但从环比发展速度和增长速度上可见，其上涨的步伐正在逐渐放慢。

单元小结

本单元主要阐述了阅读分析财务会计报告所需的会计基础知识。会计语言的规则、会计六要素、会计核算中与确认计量要求有关的一般原则、会计报表的使用者、财务报表分析常用的方法。

综合练习

(一) 单选题

1. 我国会计规范体系的最高层次是（　　）。

A. 企业会计制度　　B. 企业会计准则

C. 会计法　　D. 会计基础工作规范

2. （　　）对本单位的会计工作和会计资料的真实性、完整性负责。

A. 会计　　B. 财务经理

C. 单位负责人　　D. 审计师

3. （　　）是财务会计报告的重要组成部分，是企业对外传递会计信息的主要途径。

A. 财务报表　　B. 会计凭证

C. 账簿资料　　D. 财务分析报告

4. 半年度、季度和月度财务报表又可统称为（　　）。

A. 年度内财务报表　　B. 中期财务报表

C. 静态财务报表　　D. 个别财务报表

5. 有助于报表使用者进一步理解和分析企业主要财务报表信息的是（　　）。

A. 内部财务报表　　B. 合并财务报表

C. 汇总财务报表　　D. 财务报表附注

6. 下列各项不属于会计报表的是（　　）。

A. 现金流量表　　B. 利润表

C. 资产负债表　　D. 产品收购汇总表

7. 最关心企业信用状况的报表使用者是（　　）。

A. 投资人　　B. 政府机关

C. 业务关联单位　　D. 企业内部职工

8. 企业制订的定额或计划是企业通过努力应该达到的理想标准，也称为（　　）。

A. 公认标准　　B. 目标标准

C. 行业标准　　D. 历史标准

9. 财务报表分析中不受企业规模限制的分析方法是（　　）。

A. 趋势分析法　　B. 因素分析法

C. 比率分析法　　D. 比较分析法

10. 比较分析法的特殊形式是（　　）。

A. 趋势分析法　　B. 因素分析法

C. 比率分析法　　D. 差额分析法

（二）多选题

1. 能够作为财务报表分析主体的政府机构，包括（　　）。

A. 税务部门　　B. 国有企业的管理部门

C. 证券管理机构　　D. 会计监管机构

E. 社会保险部门

2. 财务报表分析的主体是（　　）。

A. 债权人　　B. 投资人　　C. 经理人员　　D. 审计师　　E. 职工和工会

3. 违反了《会计法》尚不构成犯罪的并由县级以上人民政府财政部门予以通报的行为是(　　)。

A. 不依法设置会计账目的行为　　B. 伪造、变造会计资料尚不构成犯罪的

C. 隐匿或故意销毁会计资料　　D. 单位负责人授意、指使或强令会计人员违法

E. 违反会计制度

4. 财务会计报表主要包括（　　）。

A. 资产负债表　　B. 利润表　　C. 所有者权益变动表

D. 现金流量表　　E. 报表附注

5. 编制资产负债表会计要素包括（　　）。

A. 资产　　B. 负债　　C. 所有者权益

D. 收入、费用　　E. 利润

6. 会计核算中与确认计量要求有关的一般原则有（　　）。

A. 历史成本原则　　B. 统一性原则　　C. 权责发生制原则

D. 配比原则　　E. 划分资本性支出与收益性支出原则

7. 资产负债表的特点是（　　）。

A. 某一特定日期　　B. 财务状况　　C. 静态报表

D. 动态报表　　E. 时点报表

8. 利润表的特点是（　　）。

A. 一定会计期间　　B. 经营成果　　C. 静态报表

D. 动态报表　　E. 时期报表

9. 会计报表按其编制单位可分为（　　）。

A. 外部报表　　B. 合并会计报表　　C. 汇总会计报表

D. 内部报表　　E. 单位会计报表

10. 财务报表分析的基本方法有（　　）。

A. 比较分析法　　B. 比率分析法　　C. 因素分析法

D. 差额计算法　　E. 趋势分析法

（三）判断题

1.《企业会计准则》在会计语言规则中处于最高层次，居于核心地位。（　　）

2. 会计语言中所使用的载体就是大家所熟悉的会计凭证、会计账簿和财务会计报告。（　　）

3. 财务会计报告是企业对外传递会计信息的主要途径。（　　）

4. 内部财务报表是供内部管理职能部门和决策人使用的财务报表，必须统一格式与时间。（　　）

5. 所谓资本性支出就是指这项支出不仅仅是为本期而花的支出，也是为以后赚钱而花的。（　　）

6. 单位负责人是指法律、行政法规规定代表单位行使职权的主要负责人。（　　）

7. 债权人包括企业借款的银行及金融机构，以及购买企业债券的单位与个人等。（　　）

8. 比较分析可以按照三个标准进行：历史标准、同业标准、预算标准。（　　）

9. 中期报告就是指不满一个会计年度的会计报告，一般仅指半年报。（　　）

10. 比率分析法使用相对数比较，所以不受规模限制，应用面更广。（　　）

（四）技能训练

1. 目的：强化比率分析法的运用能力。

资料：某公司2009年管理费用的预算数为100万元，实际数为108万元；净利润的预算数为2 000万元，实际数为2 160万元。

要求：分别计算管理费用和净利润的差异额与差异率，并作出简要评价。

2. 目的：关于权责发生制与收付实现制的比较。

资料：某企业本月发生以下经济业务：

（1）接银行通知，收到购货单位二曜公司承付的上月购货含税欠款234 000元，该项商品销售业务的销售成本为170 000元。

（2）按签订的商品购销合同的有关条款，预收购货单位三阳公司的购货定金200 000元，存入银行。

（3）按商品购销合同，销售给四维公司商品一批，含税销售价款为585 000元，该批商品的销售成本为400 000元，货款尚未收到。

（4）按商品购销合同，销售五福公司商品一批，销售金额1 000 000元，增值税额170 000元；当即收到五福公司银行汇票一张，计币1 170 000元，存入银行；该批商品的销售成本为840 000元。

（5）分配摊销应由本月负担的公司行政管理部门的财产保险费20 500元。

（6）月终计提短期银行借款本月应负担利息35 000元。

（7）本月应负担商品广告等促销费用85 000元。按合同规定，本月已通过银行结算支付广告代理商六合公司42 500元，余款将在下月结清。

要求：（1）在权责发生制与收付实现制基础上分别计算收入、费用和利润。

（2）比较权责发生制与收付实现制的特点及适用范围。

单元二　资产负债表

学习目标

了解资产负债表的性质与作用、理解资产负债表的格式与内容；掌握资产负债表项目的分析方法和综合分析的方法。

·资产负债表被称为企业的第一会计报表，是企业有关各方了解企业财务状况的主要窗口。在实际工作中，利用率很高，其反映的具体内容也易于理解。因此，阅读时，应了解会计数据之间的规律，抓住报表中那些有用的关键数据来进行分析。

项目四　资产负债表基础

任务4－1　了解资产负债表及其作用

案例导入

巴黎银行的董事长比德·巴林在一次演讲中曾经说过这样一句话："若以为揭露更多的资产负债表的数据，就能够增进对一个集团的了解，那就是幼稚无知了。"他的意思是，如果认为时点数有那么重要，那简直就是幼稚无知。

问题：你认为比德·巴林说的对吗？

基础知识

资产负债表又称财务状况表，用以表达一个企业在特定时期的财务状况。财务状况是指企业的资产、负债、所有者权益及其相互关系。资产负债表是以"资产＝负债＋所有者权益"这一等式为理论基础的，据此可以分析公司的财务状况。从资产负债表的功能上说，主要有四个方面的作用：

1. 反映资产及其分布状况

资产负债表能够反映企业在特定时点拥有的资产及其分布状况的信息。它表明企业在特定时点所拥有的资产总量有多少，资产是什么。例如流动资产有多少，固定资产有多少，长期投资有多少，无形资产有多少等。

2. 表明企业所承担的债务及其偿还时间

资产负债表能够表明企业在特定时点所承担的债务、偿还时间及偿还对象。如果是流动负债，就必须在1年内偿还；如果是长期负债，偿还期限就可以超过1年。因此，从资产负债表可以清楚地知道，在特定时点上企业欠了谁多少钱，该什么时候偿还。

3. 反映净资产及其形成原因

资产负债表能够反映在特定时点投资人所拥有的净资产及其形成的原因。净资产其实是股东权益，或者是所有者权益的另外一种叫法。在某一个特定时点，资产应该等于负债加股东权益，因此，净资产就是资产减负债。应该注意的是，可以说资产等于负债加股东权益，但绝不能说资产等于股东权益加负债，它们有着根本性的区别。因为会计规则特别强调先人后己，也就是说，企业的资产首先要用来偿还债务，剩下的不管多少，都归投资人所有。如果先讲所有者权益，就是先己后人，这在会计规则中是不允许的。

4. 反映企业财务发展状况趋势

资产负债表能够反映企业财务发展状况的趋势。当然，孤立地看一个时点数，也许反映的问题不够明显，但是如果把几个时点数排列在一起，企业财务发展状况的趋势就很明显了。

案例分析

总部设在伦敦的巴黎银行，是世界上首家商业银行，创建于1763年。1995年末，就在比德·巴林发表这番“资产负债表无用论”之后不到1年的时间，这家世界上最老牌的商业银行破产倒闭了。因为比德·巴林不重视对资产负债表的阅读，使银行付出了惨痛的代价。其实巴黎银行是完全可以避免破产的。银行每天都要编制资产负债表，如果银行的高层管理能够关注资产负债表，就会知道公司已经发生什么事情。如果及时采取措施，就不至于使得公司破产倒闭。因此，虽然是时点数，但是如果关注它、认识它、使用它，就能够为管理做出很大的贡献。

任务4－2　理解资产负债表的格式及平衡式

案例导入

×月×日，国家投资100万元创办以商品销售为主营业务的凌云公司，款项存入凌云公司的银行存款账户。同时，又向另一家公司借入人民币现金5万元拟作采购商品的资金。这一天，该公司的资产、负债及投资者权益以及他们的数量关系可以表示如下：

资产（1 000 000＋50 000）＝负债（50 000）＋所有者权益（1 000 000）

问题：公司资金来源有两个渠道，分别是什么？

基础知识

资产负债表一般有表首、正表两部分。其中，表首概括地说明报表名称、编制单位、编制日期、报表编号、货币名称、计量单位等；正表是资产负债表的主体，列示了用以说明企业财务状况的各个项目。资产负债表正表的格式一般有两种：报告式资产负债表和账户式资产负债表。

1. 报告式资产负债表

报告式资产负债表是上下结构，上半部列示资产，下半部列示负债和所有者权益。具体格式如表2－1所示。

表2-1　报告式资产负债表

编制单位：　　　　　　　　　　　　年　月　日　　　　　　　　　　　　单位：

项目	行次	年初数	年末数
资产：			
流动资产			
长期投资			
固定资产			
无形资产			
递延资产			
其他资产			
资产合计			
负债：			
流动负债			
长期负债			
负债总计			
所有者权益：			
实收资本			
资本公积			
盈余公积			
未分配利润			
所有者权益合计			

2. 账户式资产负债表

账户式资产负债表是左右结构，左边列示资产，右边列示负债和所有者权益。具体格式如表2-2所示。

表2-2　账户式资产负债表　　　　　　会企01表

编制单位：　　　　　　　　年　月　日　　　　　　　　单位：

资产	期末余额	年初余额	负债及所有者权益（或股东权益）	期末余额	年初余额
流动资产：			流动负债：		
货币资金			短期借款		
交易性金融资产			交易性金融负债		
应收票据			应付票据		
应收账款			应付账款		
预付款项			预收款项		
应收利息			应付职工薪酬		
应收股利			应交税费		

（续上表）

资产	期末余额	年初余额	负债及所有者权益（或股东权益）	期末余额	年初余额
其他应收款			应付利息		
存货			应付股利		
一年内到期的非流动资产			其他应付款		
其他流动资产			一年内到期的非流动负债		
流动资产合计			其他流动负债		
非流动资产：			流动负债合计		
可供出售金融资产			非流动负债：		
持有至到期投资			长期借款		
长期应收款			应付债券		
长期股权投资			长期应付款		
投资性房地产			专项应付款		
固定资产			预计负债		
在建工程			递延所得税负债		
工程物资			其他非流动负债		
固定资产清理			非流动负债合计		
生产性生物资产			负债合计		
油气资产			所有者权益（或股东权益）：		
无形资产			实收资本（或股本）		
开发支出			资本公积		
商誉			减：库存股		
长期待摊费用			盈余公积		
递延所得税资产			未分配利润		
其他非流动资产			所有者权益（或股东权益）合计		
非流动资产合计					
资产总计			负债及所有者权益（或股东权益）总计		

不管采取什么格式，资产各项目的合计等于负债和所有者权益各项目的合计这一等式不变。资产按流动性强弱排列、负债按偿还期长短排列、所有者权益按永久性程度高低排列。

在我国，资产负债表采用账户式。每个项目又分为“期末余额”和“年初余额”两栏分别填列。右边是资金的来源，也就是说公司的钱都是从哪里来的；左边是资金的运用，也就是说股东出的钱、向银行借的钱，都用在哪里了。

案例分析

上例中，该公司有1 050 000元资产，其资产有两种形态，50 000元为现金，1 000 000元为银行存款。相应地，该公司的资产来源是1 050 000元，其中，50 000元来自举债，会计上用“负债”这个要素表示，1 000 000元来自国家的投资，会计上用“所有者权益”表示。

项目五　资产负债表具体项目的阅读与分析

任务5－1　掌握资产类项目的阅读与分析

案例导入

应收账款变动分析——迅猛增加的应收账款预示着业绩风险

吉林化工2000年利润表显示主营业务收入139亿元，与1999年同期相比上升26%，净利润为－8.4亿元；该公司在2000年中期资产负债表显示，应收账款比年初上升了67%，从1 264 740 203元上升为2 107 978 910元。见表2－3。

表2－3　吉林化工2000年中报　　单位：元

项目	2000年6月30日	1999年12月31日	增长
应收账款	2 286 671 000	1 438 182 300	59%
坏账准备	178 692 100	173 442 100	3%
应收账款净额	2 107 978 910	1 264 740 203	67%
短期借款	3 821 190 000	2 289 300 000	67%
长期借款	1 108 861 900	1 232 554 900	－10%

2000年报应收账款为2 690 775 845占资产总额的15.2%；与上年相比增加额达14.93亿元，应收账款周转率7.02%。行业内应收账款的资产结构：上海石化为2.1%、扬子石化为2.0%、齐鲁石化为0.17%、锦州石化为2.35%；应收账款周转率上海石化为65.67%、扬子石化为128.71%、齐鲁石化为316.94%、锦州石化为158.51%。

问题：根据以上资料对吉林化工的应收账款进行分析。

基础知识

资产按其变现能力可分为流动资产和非流动资产，具体见表2－2。

一、流动资产

流动资产是指可以在一年内或者超过一年的一个营业周期内变现或者耗用的资产。包括：

1. 货币资金

货币资金反映企业库存现金、银行结算户存款、外埠存款、银行汇票存款、银行本票存款、信用卡存款、信用保证金存款等的合计数，合称货币资金。

"现金"分析主要是结构分析，即将企业"现金"占总资产的比例与同行业其他企业的情况加以比较：当"现金"占总资产的比例显著超过同行业的一般水平，则说明现金过多，企业需要为超额储备的现金找一个出路，以优化企业的资产结构；当"现金"占总资产的比例显著低于同行业的一般水平，则说明企业现金存量不足，没有足够的支付能力，企业面临巨大的财务风险。

2. 交易性金融资产

企业在证券市场上买股票，买债券，但持有时间不准备超过1年的投资叫交易性金融资产。该资产的风险要大于货币资金，分析时要注意防范风险。另外，企业持有此类资产主要是以获利为目的，因此，还要结合投资的效益情况进行分析。

3. 应收账款

应收账款是指企业因销售商品、产品和提供劳务等而应向购买单位收取的各种款项。在正常情况下，这种账款在1年内应该能够收回，所以也是流动资产。

应收账款是企业资产方一个非常大的风险点，因为只有最终能够转化为现金的应收账款才是有价值的，而那些预期将无法转化为现金的部分就是无价值的。过多的应收账款，一方面由于对流动资金的大量占用，企业为了克服现金流量不足的压力，不得不增加有息负债的规模，从而使企业负担的财务费用迅速上升；另一方面，其坏账准备的计提将使企业负担的资产减值损失迅速上升，从而给企业业绩造成巨大的压力。因此，迅猛增加的应收账款往往预示着业绩风险。

4. 其他应收款

其他应收款是指企业发生非购销活动产生的应收债权，包括企业应收的各种赔偿款、存出保证金、备用金以及应向职工收取的各种垫付款项等，有人称之为资产负债表中的"垃圾桶"。其他应收款仅仅是暂付款，一般数额较小、期限较短。这类项目也是越少越好。在分析时，要通过报表附注仔细分析它的构成、内容和发生时间，特别是其中金额较大、时间较长的款项，要警惕企业利用该项目粉饰利润以及转移销售收入偷逃税款。

5. 预付款

预付款是指企业预付给供应单位的款项。预付账款是企业在实际购买商品或劳务之前按协议预付的货款，体现的是一种普通的商业信用和资金的无偿占用。预付账款的数额取决于市场环境。对企业来说，预付账款总是越少越好，过多的预付账款反映企业理财存在问题。

6. 存货

存货是指企业在生产经营过程中为销售或耗用而储存的各种有形资产，包括各种原材料、包装物、低值易耗品、委托加工材料、产成品、库存商品等。

由于存货数量大、品种多、易损耗，所以在分析该项目时，不仅要控制库存数量，更要关注库存结构及质量，以保证资产的安全、完整及合理流动。

二、长期投资

长期投资是指1年以上的对外投资。企业管理层取得长期投资的目的在于持有而不在于出售，这是其与短期投资的一个重要区别。

1. 长期股权投资

企业买股票，如果所持有的股票准备超过1年，称为长期持有投资。

2. 长期债权投资

企业购买债券以后，企业和对方仍然是一种债权债务关系。就是把钱借给对方，对方付给一定的利息。这种投资企业并不能变成主人，这叫债权投资。

长期股权投资涉及企业的经营发展战略，且有较高的风险，所以企业的经营者在进行长期股权投资时要十分谨慎。

三、固定资产

固定资产是指企业使用期限超过 1 年的房屋、建筑物、机器、机械、运输工具，以及其他与生产、经营有关的设备、器具、工具等。其特点：为生产商品、提供劳务、出租或经营管理而持有；使用寿命超过一个会计期间；单位价值较高。

（1）固定资产原价：企业购买固定资产时花了多少钱，叫固定资产原价。

（2）累计折旧：固定资产在使用过程中，逐渐损耗而消失的那部分价值，叫累计折旧。

（3）固定资产净值：用固定资产的原价扣掉累计折旧就是固定资产净值。

（4）在建工程：企业搞基本建设工程，购买材料、物资，这叫工程物资；工程已经开工了，已经投入了资金，这叫在建工程。

由于企业的经营内容、经营规模等各不相同，固定资产的标准也不可能一致，各企业应根据制度中的规定，结合企业的具体情况，制定适合本企业实际情况的固定资产目录、分类方法、每类或每项固定资产的折旧年限、折旧方法等。

由于固定资产在使用中是逐渐被消耗的，周期较长，因此，企业所拥有的固定资产越多，在总资产中所占比重越大，则资产的流动性和变现能力就越差。固定资产的规模和结构，与企业所处的行业性质直接相关。一般情况下，制造企业的固定资产比重较大。对于需要清理的固定资产，企业应加快清理，通过盘活资产来优化企业资产分布结构。

四、无形资产

无形资产是指企业拥有或控制的没有实物形态的可辨认非货币性资产。合并商誉并不包括在无形资产之内。可辨认无形资产包括专利权、非专利技术、商标权、著作权、土地使用权、特许权等。报表中反映的无形资产仅仅是企业所控制的全部无形资产的一部分，有时甚至是很小的一部分。因为相当一部分无形资产目前还没有理想的或适当的计量方法，如人力资源、品牌、企业文化等。

五、其他资产

不属于以上四类的其他资产。

（1）长期待摊费用：摊销期限超过 1 年的费用。

（2）其他长期资产：一般包括国家批准储备的特种物资、银行冻结存款以及临时设施和涉及诉讼中的财产等。

案例分析

吉林化工业绩的巨大风险在 2000 年中期已经有征兆，从中报所示的主要资产负债项目变化分析可以发现，该公司在2000年中期，应收账款比年初上升了67%，从1 264 740 203元上升为2 107 978 910元，是资产中增长最为迅速的项目。

从2000年全年来看，吉林化工的应收账款增加额达14.93亿元，是所有上市公司中增速最快的公司。与行业内其他公司相比，吉林化工2000年应收账款的资产结构为15.2%，远高于同行业；而应收账款周转率7.02%也大大低于同行业。由于应收账款对流动资金的占用，为了克服现金流不足的压力，该公司只有增加有息负债，从而使有息负债规模从年初的35.81亿元扩大到年末的75.55亿元，净增40亿元，当期负担的财务费用则达6亿元。吉林化工2000年不仅要承担高额的财务费用，而且还有高达近30亿元的应收账款，其坏账准备的计提更将给企业业绩造成巨大的压力。

任务5－2　掌握负债类项目的阅读与分析

案例导入

"短贷长投"扼住"标王"的咽喉

秦池酒厂是山东临朐县的一家生产"秦池"白酒的企业。1995年，临朐县人口88.7万人，人均收入1 150元，低于山东省平均水平。1995年秦池酒厂厂长赴京参加第一届"标王"竞标，以6 666万元的价格夺得中央电视台黄金时段广告"标王"后，引起轰动效应，秦池酒厂一夜成名，秦池白酒也身价倍增。中标后的一个多月时间里，秦池酒厂就签订了金额达4亿元的销售合同；头两个月秦池酒厂销售收入就达2.18亿元，实现利税6 800万元，相当于秦池酒厂建厂55年以来的总和。至6月底，订货已排到了年底。1996年秦池酒厂的销售收入也由1995年的7 500万元一跃为9.5亿元。1996年11月秦池酒厂以3.2亿元人民币的"天价"，买下了次年中央电视台黄金时段广告。然而，好景不长，1998年便传出了秦池酒厂生产、经营陷入困境，出现大幅亏损的消息。（广告费均为短期贷款）

问题：请你分析秦池酒厂生产、经营陷入困境的原因。

基础知识

负债是指由过去的交易或者事项形成的现实义务，履行该义务预期会导致经济利益流出企业。负债代表了债权人权益，它与所有者权益均对企业的资产有要求权。负债的数额与资产的数额配比，形成一个重要的财务比率，用以揭示企业的财务风险状况。负债按其流动性分为流动负债和非流动负债，具体见表2－2。

一、流动负债

流动负债是指企业将在1年或者超过1年的一个营业周期内偿还的债务。流动负债除具有负债的基本特征外，还具有以下特点：偿还期短；举借目的是满足经营周转资金的需要；负债的数额相对较小；一般以企业的流动资金来偿付。

解读流动负债，首先应对其总额进行数量判断，即将流动负债与负债总额及资产总额进行比较。同时，还须对流动负债各个项目具体分析，即质量检验。

1. 短期借款

短期借款是指企业为了弥补日常生产经营所需的流动资金的不足，向银行或其他金融机构等借入的期限在 1 年以下（含 1 年）的各种借款。其包括：短期流动资金借款、结算借款、卖出信贷、票据贴现借款等。

企业应结合对借款的使用情况以及使用效果分析该项目。一定数量的短期借款是企业经营所必需的，但如果数量太大，超过企业的偿债能力，就会对企业的持续发展带来不利影响。短期借款适度与否，可以根据流动负债的总量、目前的现金流量状况和对未来 1 年内的现金流量的预期来确定。在一个现金流量较差的企业里，过高的短期借款将会增加财务风险。

2. 应付及预收款项

应付及预收款项包括应付票据、应付账款、预收账款、应付股利、其他应付款等内容。

应付票据是指企业因赊购交易而开出、承兑的在不超过 1 年的限期内，按票据上规定日期支付一定金额的银行承兑汇票或商业承兑汇票。在资产负债表上，“应付票据”项目反映的是尚未到期付款的应付票据面额。

应付账款是企业进行赊购交易而发生的债务，它是由于购进商品或接受劳务等的发生时间与付款时间不一致造成的，它表明企业占用了其他单位的资金。在市场经济条件下，应付账款的发生是正常的，但如果超过信用期的应付账款的数额太大且时间太长，则表明企业的信用观念较差。

预收账款是指企业在实际销售商品或提供劳务之前，按协议预先收取的货款，体现的是一种商业信用和资金的无偿占用。在卖方市场条件下多有发生，对企业来讲可解决资金临时短缺带来的困难，但在企业中一般数量不大。

应付股利是指企业尚未支付的现金股利；其他应付款是指企业应付或暂收其他单位或个人的款项，如应付租入固定资产和包装物的租金、存入保证金等。应付股利和其他应付款均是企业暂时占用的其他单位的资金，品种杂、数量不稳定，分析时要注意与货币资金相对照，以分析货币保证程度和偿还的及时性。

3. 应交税费

应交税费是指企业由于生产经营活动需要向国家交纳的各种税金及费用，在上交之前暂时保留在企业的款项。具体包括增值税、营业税、消费税、城市维护建设税、房产税、车船使用税、土地使用税、所得税、资源税、教育费附加和矿产资源补偿费等。如果该项目的金额过多，一般情况下说明该企业有拖欠国家税款的现象，应引起企业的重视。

4. 应付职工薪酬

职工薪酬是指企业为了获取职工提供的服务而给予的各种形式的报酬以及其他相关支出。职工薪酬除了包括工资和福利费之外，还包括工会经费和职工教育经费等，这些非货币福利费也属于职工薪酬的一部分。

应付工资是指企业在一定时间内应付给职工的劳动报酬，包括构成工资总额的各种工资、津贴、奖金等。一个有信誉且资金不短缺的企业，一般是不会拖欠员工工资的。

应付福利费是指企业在一定时间内应向职工提供的各种福利性支出的资金来源。提供给职工配偶、子女或其他被赡养人的福利等，也属于职工薪酬。职工福利费按工资总额的 14% 提取，主要用于职工医药费、困难补助、集体福利设施支出等，分析时要注意专款专用，保护职工的合法权益。

二、长期负债

长期负债是指期限超过 1 年的债务，1 年内到期的长期负债在资产负债表中列入短期负债。长期负债与流动负债相比，具有数额较大、偿还期限较长的特点。因此，举借长期负债往往附有一定的条件，如需要企业指定某项资产作为还款的担保品，要求企业指定担保人，设置偿债基金等，以保护债权人经济利益。

1. 长期借款

长期借款是指企业借款的偿还期超过 1 年的借款。由于多数企业仍不能通过证券市场融资，资金来源的主要渠道还是银行借款，因此在多数企业的负债结构中，长期借款都占有较大比例，这无疑增大了企业的财务风险。

企业长期举债的目的在于希望通过发挥财务杠杆作用，既有效弥补资金的不足，又不至于陷入长久的财务困境之中。如果企业在长期负债增长的同时，利润水平也明显提高，则说明企业长期负债资金使用效益较好，负债经营正确，财务状况发展良好。

2. 应付债券

应付债券是指企业发行的超过 1 年期以上债券的实际发行价以及偿还的利息。相对于长期借款，应付债券的风险和压力较大。迫于社会压力，企业偿还债券本金的积极性一般高于偿还银行本息的积极性。但在当前证券市场规模不大的情况下，企业通过发行债券融资受到严格的限制，许多企业还不能或没有资格发行债券。

3. 长期应付款

长期应付款是指企业对其他单位所发生的付款期限在 1 年以上的结算债务。包括采用补偿贸易方式引进国内设备价款和应付融资租入固定资产租赁费等。

因为融资租赁要求企业自有资金的保证相对于长期借款要低，而租赁公司所承担的风险需要从企业支付的较高的租赁费中进行补偿，所以在分析长期应付款时，要特别关注企业运用融资租赁资金时的风险和稳定性问题。

4. 预计负债

预计负债是指因或有事项而确定的负债。或有事项是指由过去的交易或事项形成的一种状况，其结果须通过未来的不确定性事项发生或不发生予以证实。如未决诉讼、产品质量保证、债务担保等。

基于过去的交易或事项引起的或有负债，有些是潜在的义务，有些是现时的义务。企业需要预计的负债，仅仅是与或有负债事项相关的现时义务。出于谨慎原则的考虑，企业在考察偿债能力和估计未来现金流量时，应当充分考虑这些预计负债。一般情况下，预计负债越多，未来现金流出量也就越大。

案例分析

秦池酒厂在打出广告后，一方面扩大生产规模、提高生产能力，从而在提高固定资产等长期性资产比例的同时，使流动资产在总资产中的比例相应下降，由此降低了企业的流动能力和变现能力；另一方面，巨额广告支出和固定资产上的投资所需资金要求企业通过银行贷款解决，按当时的银行政策，此类贷款往往为短期贷款，这就造成了银行的短期贷款被用于资金回收速度慢、周期较长的长期性资产上，由此使企业的资产结构与资本结构在时间和数量上形成较大的不协调性，并因此形成了“短贷长投”，造成资金缺口。

此时秦池酒厂所面临的现实问题是：在流动资产相对不足从而使企业生产资金紧缺的同

时，年内到期的巨额银行短期贷款又要求偿还，从而陷入了“到期债务要偿还而企业又无偿还能力”的财务困境。

任务5－3　掌握所有者权益类项目的阅读与分析

案例导入

A企业在2008年5月发行股票100万股，每股面值1元。溢价发行每股3.5元。2008年12月31日资产负债表显示资本公积增加了250万元。

问题：2008年12月31日资产负债表中的资本公积为什么增加了250万元？

基础知识

所有者权益是指资产扣除负债后由所有者应享的剩余利益，即一个会计主体在一定时期所拥有或可控制的具有未来经济利益资源的净额。所谓净资产，在数量上等于企业全部资产减去全部负债后的余额，这可以通过对会计恒等式的变形来表示，即：

资产－负债＝所有者权益

具体见表2－2。

一、实收资本（或股本）

实收资本是指企业实际收到的、由投资人投入企业的资本金。投资者作为资本投入企业的各项财产，是企业注册登记的法定资本总额的来源，它表明所有者对企业的基本权益。我国《企业法人登记管理条例》规定，除国家另有规定外，企业的实收资本应当与注册资本一致。对于股份公司而言，股本核算的是发行的股票面值总额。该项目通常占企业全部所有者权益的绝大比重，是企业所有者权益的主要组成部分。企业可将该项目与负债比较，观察企业财务结构的稳定性和风险程度。

二、资本公积

资本公积是指由投资者或其他单位或个人投入、所有权归属于投资者，但不构成实收资本的那部分资本或者资产。资本公积有其特定来源，主要包括资本（或股本）溢价、接受捐赠、汇率变动差额等。不同来源形成的资本公积由所有投资者共同享有。

三、盈余公积

盈余公积是指企业按照规定从税后利润中提取的积累资金。盈余公积按其用途，分为法定盈余公积和任意盈余公积。法定盈余公积在其累计提取额未达到注册资本的50%时，均应按税后利润（扣除被没收的财产损失、支付各项税收的滞纳金和罚款、弥补企业以前年度亏损）的10%提取。在股份有限公司，除了按规定提取法定盈余公积和公益金外，还要在支付优先股股利后，根据公司章程或者股东大会决议，提取任意盈余公积。按规定，这部分公积金可以转增资本，也可以弥补亏损。盈余公积金的数量越多，反映企业的资本积累能力、弥补亏损能力和股利分配能力以及应对风险的能力越强。

四、未分配利润

未分配利润是指企业留待以后分配的结存利润。它是企业实现的利润扣除交纳的所得税、分发利润（或股利）和提取公积金后的余额，是留于以后年度分配的利润或者尚未分配的利润。相对于所有者权益的其他部分来说，企业对于未分配利润的使用和分配有较大的自主权。从数量上看，未分配利润是期初未分配利润加上本期实现的税后利润，减去提取的各种盈余公积和分配利润后的余额。这部分利润越多，说明企业当年和以后年度的积累能力、股利分配能力以及应对风险的能力越强。在资产负债表上，如果该项目金额为负数，则表示企业有尚未弥补的亏损，必将会冲减所有者权益的数额。

案例分析

该企业的发行股票所得的款项应分别确认为股本和资本公积。其中，面值100万元记入股本，另一部分收入250万元（350－100）增加资本公积。

项目六　资产负债表的综合分析

分析过程

编制资产负债表的水平分析表与垂直分析表；

总额观察把握财务变化的方向；

具体项目浏览寻找变动原因；

借助相关的财务比率透视财务状况。

任务6－1　掌握相关财务比率

案例导入

A公司拥有流动资产20万元，流动负债16万元。该公司在年终编制会计报表时，将12万元短期借款还清，准备待下年初再借入，则该公司流动资产就变成8万元，流动负债变成4万元。

问题：

（1）该公司将12万元短期借款在编制报表前还清，待下年初再借入的目的是什么？

（2）如果某一个企业的流动比率比2大，速动比率比1大，那么能不能说明这个企业短期偿债能力就一定强呢？

基础知识

看财务报表时，首先要摸清财务状况的基本方向，然后借助相关财务比率进一步分析。

一、资产负债率

资产负债率是指负债总额与资产总额的比率。这个指标表明企业资产中有多少是债务，同时也可以用来检查企业的财务状况是否稳定。由于出发的角度不同，对这个指标的理解也不尽相同。

资产负债率 = 负债总额÷资产总额 × 100%

从财务学的角度来说，一般认为我国理想化的资产负债率是40%左右。上市公司略微偏高，但上市公司的资产负债率一般也不超过50%。其实，不同的国家，资产负债率也有不同的标准。如中国人传统上认为理想的资产负债率在40%左右，欧美国家认为理想的资产负债率是60%左右，东南亚有些国家则认为可以达到80%。

从一个企业的安全角度来讲，如果一个企业的资产负债率适度，或者资产负债率比较低，这个企业在财务上是安全的；如果一个企业的资产负债率比较高，那么这样的企业财务结构就很不稳定，因为大量的资产是借别人的，而借别人的资产到时需要偿还，就存在偿还风险。

二、流动比率

流动比率是指企业的流动资产与企业的流动负债之比，写成算式则为：

流动比率 = 企业的流动资产÷企业的流动负债

从财务上来讲，这个比值的理想值是2，即流动资产与流动负债应该保持2∶1的关系。如果一个企业的流动比率大于2，通常认为这个企业的短期偿债能力比较强；如果一个企业的流动比率小于2，通常认为这个企业的短期偿债能力比较弱。

但有时这个指标可能会造成一种错觉。比如流动资产中大部分是残损霉变、呆滞积压的商品等存货，或者是无法收回的应收账款，那么在这种情况下，即使比值大于2，也不能证明企业的偿债能力强。

三、速动比率

为了进一步对企业短期偿债能力进行检验，还得使用另一个“化验”指标，即速动比率。速动比率是指速动资产总额除以流动负债总额。

速动比率=速动资产总额÷流动负债总额

从理论上来讲，速动资产是可以迅速地转换成现金的资产。财政部有一个硬性的规定，可以迅速转换成现金的资产就是速动资产，它等于流动资产减去存货。

速动资产=流动资产－存货

也就是说，存货不能迅速地转换成现金资产，其他的流动资产都视同可以迅速转换成现金的资产。其实剩下的资产也不一定都能够迅速转换成现金，这只是财政部规定的一个基本指标，财务专家也认可这样一种惯用的计算方法。

在工商企业中，存货在整个流动资产中一般要占到50%左右。所以如果说流动比率是2，那么速动比率就应该是1。一般来说，速动比率的理想值是1。如果一个企业的速动比率大于1，通常认为这个企业的短期偿债能力比较强；如果企业的速动比率小于1，通常认为这个企业的短期偿债能力比较弱。

当一个企业资产负债率偏高时，其财务结构可能不稳定，而判断企业财务结构是否稳定的最主要因素就是短期偿债能力的强弱，所以要跟进检查两个内容：流动比率和速动比率。借助这两个指标，就可以检查企业的财务状况是否稳定。

案例分析

(1) 一些企业为掩饰其短期偿债能力的不足，故意伪造高流动比率，比如年终时故意将借款还清，下年初再借入等。A 公司拥有流动资产 20 万元，流动负债 16 万元，则流动比率为 20 ÷ 16 = 1.25，表明企业偿债能力很弱。该公司在年终编制会计报表时，将 12 万元短期借款还清，待下年初又再借入，则该公司流动资产就变成 8 万元，流动负债变成 4 万元，流动比率变为 8 ÷ 4 = 2，由此可见，该比率变化很大，有效掩饰了企业短期偿债能力的不足。

(2) 如果某一个企业的流动比率比 2 大，速动比率比 1 大，一般情况下能说明这个企业短期偿债能力比较强，但这不是绝对的，不同行业可能有所差别，要参照同行业的资料和本企业的历史情况加以判断。

任务 6－2　掌握资产负债表的综合分析

案例导入

A 股份有限公司资产负债水平、垂直分析表，如表 2－4、表 2－5 所示。

表 2－4　资产负债表的水平分析表

编制单位：A 股份有限公司　　　　2009 年 12 月 31 日　　　　单位：元

资产	年末数	年初数	增减	
			金额	比重（%）
流动资产：				
货币资金	1 897 285 618.79	911 741 820.73	985 543 798.06	108.09
短期投资				
应收票据	636 710 917.90	6 065 759 932.85	－5 429 049 014.95	－89.50
应收股利				
应收利息				
应收账款	3 110 693 439.80	1 205 803 404.18	1 904 890 035.62	157.98
其他应收款	1 719 234 476.15	104 878 147.67	1 614 356 328.48	1 539.27
预付账款	260 297 060.69	323 763 972.55	－63 466 911.86	－19.60
应收补贴款				
存货	6 142 816 848.70	7 438 195 385.65	－1 295 378 536.95	－17.42
待摊费用	13 920 000.00		13 920 000.00	
待处理流动资产净损失	16 593 865.44	27 313 926.38	－10 720 060.94	－39.25
一年内到期的长期债权投资				
其他流动资产				

（续上表）

资产	年末数	年初数	增减	
			金额	比重（%）
流动资产合计	13 797 552 227.47	16 077 456 590.01	-2 279 904 362.54	-14.18
长期投资：				
长期股权投资	179 689 921.45	179 437 261.09	252 660.36	0.14
长期债权投资		7 818 966.53	-7 818 966.53	-100.00
长期投资合计	179 689 921.45	187 256 227.62	-7 566 306.17	-4.04
固定资产：				
固定资产原价	2 497 918 466.23	2 038 502 074.66	459 416 391.57	22.54
减：累计折旧	712 266 544.18	525 447 052.47	186 819 491.71	35.55
固定资产净值	1 785 651 922.05	1 513 055 022.19	272 596 899.86	18.02
减：固定资产减值准备				
固定资产净额	1 785 651 922.05	1 513 055 022.19	272 596 899.86	18.02
工程物资	471 697.48		471 697.48	
在建工程	532 027 124.16	627 954 376.24	-95 927 252.08	-15.28
固定资产清理	245 508.57	1 046 045.28	-800 536.71	-76.53
固定资产合计	2 318 396 252.26	2 142 055 443.71	176 340 808.55	8.23
无形资产及其他资产：				
无形资产	167 520 054.43	171 053 884.87	-3 533 830.44	-2.07
长期待摊费用	43 720 542.08	4 134 615.44	39 585 926.64	957.43
其他长期资产				
无形资产及其他资产合计	211 240 596.51	175 188 500.31	36 052 096.20	20.58
递延税项：				
递延税款借项				
资产总计	16 506 878 997.69	18 574 137 795.12	-2 067 258 797.43	-11.13
负债及所有者权益	年末数	年初数	增减	
			金额	比重（%）
流动负债：				
短期借款	237 984 245.00	1 153 000 000.00	-915 015 755.00	-79.36
应付票据	1 371 700 708.38	5 031 620 414.05	-3 659 919 705.67	-72.74
应付账款	1 446 186 787.35	1 158 400 489.12	287 786 298.23	24.84
预收账款	260 395 348.33	273 663 260.95	-13 267 912.62	-4.85
应付工资	9 875 580.00		9 875 580.00	

（续上表）

负债及所有者权益	年末数	年初数	增减	
			金额	比重（%）
应付福利费	137 878 063.97	112 667 409.29	25 210 654.68	22.38
应付股利	2 970 818.02	4 955 531.62	-1 984 713.60	-40.05
应交税金	-33 150 492.57	-26 418 544.61	-6 731 947.96	25.48
其他应交款	44 441 228.06	46 767 082.17	-2 325 854.11	-4.97
其他应付款	55 390 948.31	73 767 466.04	-18 376 517.73	-24.91
预提费用	905 455.55	587 774.72	317 680.83	54.05
预计负债				
一年内到期的长期负债	30 000 000.00	9 875 580.00	20 124 420.00	203.78
其他流动负债				
流动负债合计	3 564 578 690.40	7 838 886 463.35	-4 274 307 772.95	-54.53
长期负债：				
长期借款	6 000 000.00	36 000 000.00	-30 000 000.00	-83.33
应付债券				
长期应付款				
专项应付款				
其他长期负债				
长期负债合计	6 000 000.00	36 000 000.00	-30 000 000.00	-83.33
递延税项：				
递延税款贷项	11 020 467.41	12 244 963.73	-1 224 496.32	-10.00
负债合计	3 581 599 157.81	7 887 131 427.08	-4 305 532 269.27	-54.59
所有者权益：				
股本	2 164 211 422.00	1 988 968 232.00	175 243 190.00	8.81
资本公积	4 077 048 884.74	2 539 336 835.21	1 537 712 049.53	60.56
盈余公积	4 843 704 327.40	4 738 640 680.94	105 063 646.46	2.22
其中：法定公益金	953 997 675.66	901 465 852.43	52 531 823.23	5.83
未分配利润	1 840 315 205.74	1 420 060 619.89	420 254 585.85	29.59
所有者权益合计	12 925 279 839.88	10 687 006 368.04	2 238 273 471.84	20.94
负债及所有者权益总计	16 506 878 997.69	18 574 137 795.12	-2 067 258 797.43	-11.13

表 2－5　资产负债表的垂直分析表

编制单位：A 股份有限公司　　　　2009 年 12 月 31 日　　　　单位：元

资产	年末数	年初数	比重（%）	
			年末	年初
流动资产：				
货币资金	1 897 285 618.79	911 741 820.73	11.49	4.91
短期投资				
应收票据	636 710 917.90	6 065 759 932.85	3.86	32.66
应收股利				
应收利息				
应收账款	3 110 693 439.80	1 205 803 404.18	18.84	6.49
其他应收款	1 719 234 476.15	104 878 147.67	10.42	0.56
预付账款	260 297 060.69	323 763 972.55	1.58	1.74
应收补贴款				
存货	6 142 816 848.70	7 438 195 385.65	37.21	40.05
待摊费用	13 920 000.00		8.43	0.00
待处理流动资产净损失	16 593 865.44	27 313 926.38	10.05	0.15
一年内到期的长期债权投资				
其他流动资产				
流动资产合计	13 797 552 227.47	16 077 456 590.01	83.59	86.56
长期投资：				
长期股权投资	179 689 921.45	179 437 261.09	1.09	0.97
长期债权投资		7 818 966.53		0.04
长期投资合计	179 689 921.45	187 256 227.62	1.09	1.01
固定资产：				
固定资产原价	2 497 918 466.23	2 038 502 074.66	15.13	10.97
减：累计折旧	712 266 544.18	525 447 052.47	4.31	2.83
固定资产净值	1 785 651 922.05	1 513 055 022.19	10.82	8.15
减：固定资产减值准备				
固定资产净额	1 785 651 922.05	1 513 055 022.19	10.82	8.15
工程物资	471 697.48		0.00	0.00
在建工程	532 027 124.16	627 954 376.24	3.22	3.38
固定资产清理	245 508.57	1 046 045.28	0.00	0.01
固定资产合计	2 318 396 252.26	2 142 055 443.71	14.05	11.53
无形资产及其他资产：				

（续上表）

资产	年末数	年初数	比重（%）	
			年末	年初
无形资产	167 520 054.43	171 053 884.87	1.01	0.92
长期待摊费用	43 720 542.08	4 134 615.44	0.26	0.02
其他长期资产				
无形资产及其他资产合计	211 240 596.51	175 188 500.31	1.28	0.94
递延税项：				
递延税款借项				
资产总计	16 506 878 997.69	18 574 137 795.12	100.00	100.00
负债及所有者权益	年末数	年初数	比重（%）	
			年末	年初
流动负债：				
短期借款	237 984 245.00	1 153 000 000.00	1.44	6.21
应付票据	1 371 700 708.38	5 031 620 414.05	8.31	27.09
应付账款	1 446 186 787.35	1 158 400 489.12	11.19	6.24
预收账款	260 395 348.33	273 663 260.95	1.58	1.47
应付工资	9 875 580.00		0.06	0.00
应付福利费	137 878 063.97	112 667 409.29	0.84	0.61
应付股利	2 970 818.02	4 955 531.62	0.02	0.03
应交税金	−33 150 492.57	−26 418 544.61	−0.20	−0.14
其他应交款	44 441 228.06	46 767 082.17	0.27	0.25
其他应付款	55 390 948.31	73 767 466.04	0.34	0.40
预提费用	905 455.55	587 774.72	0.01	0.00
预计负债				
一年内到期的长期负债	30 000 000.00	9 875 580.00	0.18	0.05
其他流动负债				
流动负债合计	3 564 578 690.40	7 838 886 463.35	21.59	42.20
长期负债：				
长期借款	6 000 000.00	36 000 000.00	0.04	0.19
应付债券				
长期应付款				
专项应付款				
其他长期负债				
长期负债合计	6 000 000.00	36 000 000.00	0.04	0.19
递延税项：				
递延税款贷项	11 020 467.41	12 244 963.73	0.07	0.07
负债合计	3 581 599 157.81	7 887 131 427.08	21.70	42.46

（续上表）

负债及所有者权益	年末数	年初数	比重（%）	
			年末	年初
所有者权益：				
股本	2 164 211 422.00	1 988 968 232.00	13.11	10.71
资本公积	4 077 048 884.74	2 539 336 835.21	24.70	13.67
盈余公积	4 843 704 327.40	4 738 640 680.94	29.34	25.51
其中：法定公益金	953 997 675.66	901 465 852.43	5.78	4.85
未分配利润	1 840 315 205.74	1 420 060 619.89	11.15	7.65
所有者权益合计	12 925 279 839.88	10 687 006 368.04	78.30	57.54
负债及所有者权益总计	16 506 878 997.69	18 574 137 795.12	100.00	100.00

问题：对A股份有限公司资产负债表进行综合分析。

基础知识

对资产负债表进行综合分析，一般采用的方法是通过编制资产负债表的水平分析表来进行横向比较分析，通过编制资产负债表的垂直分析表来进行纵向比较分析，并就资产结构、资本结构、偿债能力和营运能力做出具体分析，在此基础上对企业的财务状况做出全面评价。

一、资产负债表的水平分析表与垂直分析表的编制

资产负债表的水平分析表见表2-6。

表2-6　资产负债表的水平分析表

编制单位：A股份有限公司　　　　2009年12月31日　　　　单位：元

资产	年末数	年初数	增减	
			金额	比重（%）
流动资产：				
货币资金	1 897 285 618.79	911 741 820.73	985 543 798.06	108.09
…				

计算公式：

增减额＝年末数－年初数

如：货币资金增减额＝1 897 285 618.79－911 741 820.73＝985 543 798.06（元）

增减率＝（增减额÷年初数）×100%

如：货币资金增减率＝985 543 798.06÷911 741 820.73×100%＝108.09%

表 2－7　资产负债表的垂直分析表

编制单位：A 股份有限公司　　2009 年 12 月 31 日　　单位：元

资产	年末数	年初数	比重（%）		比重增减率（%）
			年末	年初	
流动资产：					
货币资金	1 897 285 618.79	911 741 820.73	11.49	4.91	6.58
…					
资产总计	16 506 878 997.69	18 574 137 795.12	100.00	100.00	
负债和所有者权益	年末数	年初数	比重（%）		比重增减率（%）
			年末	年初	
短期借款	237 984 245.00	1 153 000 000.00	1.44	6.21	－4.77
…					
负债及所有者权益总计	16 506 878 997.69	18 574 137 795.12	100.00	100.00	

计算公式：

项目的比重＝［年末（年初）项目数÷年末（年初）资产或负债及所有者权益总额］×100%

项目比重的增减率＝年末比重－年初比重

资产类：

货币资金年末比重＝（1 897 285 618.79÷16 506 878 997.69）×100%＝11.49%

货币资金年初比重＝（911 741 820.73÷18 574 137 795.12）×100%＝4.91%

货币资金比重增加率＝11.49%－4.91%＝6.58%

负债及所有者权益类：

短期借款年末比重＝（237 984 245.00÷16 506 878 997.69）×100%＝1.44%

短期借款年初比重＝（1 153 000 000.00÷18 574 137 795.12）×100%＝6.21%

短期借款比重降低率＝1.44%－6.21%＝－4.77%

二、总额观察

总额观察的要点是研究资产、负债、股东权益之间的变化关系，摸清财务发展变化的基本方向，从总体上把握企业财务状况。拿到资产负债表最先看的就是总额的变化，资产负债表一共有多少不重要，它提供的大的项目有三个：此时此刻的资产、此时此刻的负债、此时此刻的所有者权益。资产是企业资源变化的一个结果，仅仅是结果，引起变化的主要有两个原因：负债变化和所有者权益变化。资产增加代表负债在增加或股东权益在增加；资产减少的话，可能是负债在减少或者股东权益在减少。即：

资产的增减变化量＝负债增减变化量＋股东权益变化量

从总额观察中可以找到一个方向性的问题：从年初到年末，该企业资产总量在减少，而负债在急速下降，所有者权益在增加。根据报表中关于资产的增减变化，就可以进一步探究这种变化的原因。总额观察的目的就是要把握一个企业财务状况发展的方向是什么。既然知道资产总量减少只是个结果，而引起这种结果的原因一个是负债的变化，另一个是所有者权益的变化，读表人心里马上就要想到，既然是负债在减少，那么负债到底是因为什么原因减少；既然是所有者权益在增加，那么所有者权益是因为什么原因增加。

三、具体项目浏览

浏览即拿着报表从上往下看，左右对比看。从上往下是指一个项目一个项目地观察，而左右对比就要看一看哪个数字发生的变化最大，哪个数字发生变化的速度最快，哪个就是主要原因。具体项目浏览的特点是有的放矢，关注重大问题。

四、借助相关财务比率进一步分析

通过资产负债率分析企业的长期偿债能力，通过流动比率、速动比率分析企业的短期偿债能力。

案例分析

分析步骤：

第一步，编制资产负债表的水平分析表与垂直分析表（见表2－4、表2－5）。

第二步，总额观察，目的是什么？找方向——从表中资产总额年末数和年初数（年末数是指本年度12月31日的数字，年初数是指上一年12月31日的数字）的比较中可以发现：期末的资产总额比期初减少了；表中年末的负债总额与年初作比较，负债总额也减少了；而所有者权益总额的年末数比年初数大，说明所有者权益在增加。

第三步，具体项目浏览，目的是什么？找原因——看负债的具体数字。负债有流动负债，还有长期负债。看流动负债时，会发现流动负债中有两个项目变化比较突出，一个是短期借款，另一个是应付票据。短期借款和应付票据的减少量年末和年初作比较，有几十个亿。（读表人要关注重大问题，如果数额很小，不去关注它也不会出现重大的问题，但巨额的数字必须要给予充分的关注。）从A公司了解到，短期借款已经到期，按照合同规定必须偿还，那是正常的现象。应付票据虽然有几十个亿在减少，但公司在买商品时，使用的是商业汇票结算，而且已经做出承诺要在这个时候付款，那也属于正常现象。这样就明白了资源总量减少的第一个原因是负债的减少，负债减少的原因其实是在偿还大量的流动负债。对原因应该了解到什么程度呢？每个人的感觉是不一样的，但是一定要关注重大问题，而重大的程度也要根据具体的情况来把握。

下面分析资产减少而所有者权益增加的原因。报表中的所有者权益一共有四项：股本、资本公积、盈余公积、未分配利润。看这个报表时可以发现，四个项目的年末数比年初数都增加了。先说第一个项目和第二个项目的增加，如果一个企业实收资本，或者股本、资本公积增加，那么就可以说明：企业的投资者继续把资金注入到企业，实收资本增加或股本增加，说明股东不光把钱注入到企业，而且还变更了注册资金，就是提高了注册资金，所以这两个项目会增加。再看下边两个项目：盈余公积和未分配利润，这两项也增加了。只有企业赚了钱，才可能提盈余公积，只有企业赚了钱，未分配利润才有可能增加。这样基本原因就清楚了，盈余公积增加和未分配利润增加，说明企业还是赚了钱。

第四步，借助相关财务比率来看一看这个企业财务的安全系数是升高了还是降低了。通过计算得到这样一组数据：这个企业2000年的资产负债率是42.5%，2001年是21.7%，也就是说它的负债率从42.5%降到了21.7%，那么它的负债水平在迅速下降。负债水平在迅速下降，企业财务的安全系数在升高，这个企业短期偿债能力是强还是弱呢？通过计算了解到，这个企业2000年的流动比率是2.05，到了2001年流动比率是3.87，一般的理想值是2，它是3.87，所以流动比率表明这个企业短期偿债能力比较强。通过对速动比率的检查，发现2000年这个企业的速动比率是1.102，而到了2001年是2.15，速动比率的理想值比1大，短期偿债能力就比较强。就是说借助相关财务比率，检验的结果是这家公司负债水平在下降，而短期偿债能力在明显增强。

总的评价是这个企业的财务结构更趋于稳定。

项目七　重新理解资产负债表

任务7-1　2+2一定等于4吗

案例导入

A公司准备招聘1名财务部经理。经过首轮面试后剩下3个候选人，公司总经理认为这3个候选人的条件都不错。他们都是大学本科毕业，都是学会计专业的，都有在大企业工作10年的经历，这3个候选人在历史上都没有问题，也就是说通过人力资源部门考察，他们都没有违规和违纪的历史记录。但公司只能从中选择一个作为公司财务部的经理，怎么办呢？

公司决定对这3个候选人做一个测试。给3个候选人出的题目就是会计上比较著名的2+2法则，即2+2等于几。第一个候选人的回答是2+2=3或者2+2=4；第二个候选人的回答是2+2多数时候等于4，有时等于3，有时等于5；第三个候选人考虑了一下回答，贵公司需要它等于几，我就让它等于几。结果第二个候选人被公司聘用。

问题：A公司为什么会聘用第二个候选人呢？

基础知识

2+2法则在会计上是一个很重要的法则，它是通过比喻的方式告诉读表人，怎样理解会计报表上的数字。在会计的报表上，2+2是永远等于4。可是在读表人来看，2+2多数时候等于4，有时等于3，有时等于5，对资产负债和所有者权益的理解都应如此。

2+2=4，从会计角度来讲，这是一个永远的规则。比如说公司买一台电脑，价格1万元，在账上告诉别人，购买电脑花了1万元，在表上也会告诉别人，购买电脑花了1万元，所以2+2=4，它能在表上真实地反映它的价格。

2+2 < 4，2+2多数时候等于4，但有时会小于4。例如，某企业买了一项专利，在买这项专利时花了16万元，可是这项专利最终未能给企业带来经济利益。在报表上、账上，仍然要告诉别人，企业有无形资产——专利16万元。然而从读表人的眼光来看，这16万元应该是零。

2+2 > 4，2+2也会大于4。例如，某企业在账上所记载的某项专利是30万元。按照会计的规则，能够记入的账面价值，在报表上披露的数字仅仅是专利取得成功以后到专利局去申请注册所花的钱。这个企业一共在这个方面花了30万元，那么在账上、表上告诉别人也是30万元。可是评估师给企业做了一下正确的评估，专利的价值是3 000万元。在这种情况下，报表上的30万元就是实际上的3 000万元。

案例分析

第一位应聘者不太适合做公司的财务部经理，因为在他的眼里，对于会计数字的理解仅仅是2+2=4，他只是从记账的角度来加以考虑；第三个候选人也不会被选中，因为《会计法》明确规定，单位负责人对本单位的会计工作和会计资料的真实性、完整性负责。如果企业的领导想要什么数字，他就填上什么数字，这样的财务部经理是比较可怕的。

任务7-2　如何运用2+2法则

案例导入

2004年注册的B公司是A公司在广州设立的一个子公司。2008年5月底，A公司因为资金短缺，向B公司借款50万元，承诺3年后偿还。2009年8月，C公司向B公司购买200万元的彩电，由于C公司刚成立不久，拿不出那么多钱，承诺8个月后付款，可是3年了，C公司仍未付款。B公司由于种种原因，不愿意把这项资产转销掉，所以仍然反映在资产负债表中，应收账款有200万元。

问题：作为读表人，应如何看待B公司这两笔应收账款？

基础知识

资产计价基础是实际成本，资产负债表披露的是资产的历史成本而不是市价，两者有着很大的差距，读表时必须注意这一点。

一、关注资产的质量

用2+2法则来重新看待资产负债表时，要关注资产的质量。从我国的企业来看，关注资产的质量就是关注资产负债表中的“含水量”。

1. 应收账款和其他应收款

资产负债表中的应收账款和其他应收款，表明别人欠公司的账款，正常情况应在1年内收回，如果财务报表附注显示其偿还期超过3年，但是企业由于种种原因，不愿意撤销应收账款，这些数字就含有水分。因此，要关注应收账款和其他应收款中有多少可以收回。

2. 存货（原材料、在途材料、库存商品）

存货所反映的价值是历史成本，而存货的市价是会变动的。从管理者的角度来说，账上、表上是10万元，也许真实的现在价值只有6万元，那么账上多出的4万元就是水分。因此，我们应关注的是存货的市价是多少，存货的状况如何，其数字是否可靠。

3. 长期投资

企业长期投资当中很有可能相当一部分无法收回，如果企业账上不转销，表上不反映，这些无法收回的部分就是资产负债表中资产存在“水分”的地方。

4. 短期投资

短期投资的成本和市价也有差距，而且这种差距也比较明显。这也是值得关注的地方。

另外，还要关注一些其他问题，比如固定资产、无形资产可收回的金额，在建工程是否减值，其他资产有多大等。

二、关注负债

关注资产负债表中的负债，不一定所有的负债都能从表上反映出来。资产负债表的负债是现在已经存在的负债或者叫现实的负债，潜在债务要在资产负债表附注中有详细的解释。

三、关注所有者权益

关注股本和实收资本，它和企业的注册资金是相对应的。当一个企业的注册资金全部到位的时候，我们一般说资产负债表上的股本或者实收资本应该和企业注册资金相等。如果企业注册资金是分次到位的，表上数字多，实际到位的少，这一点管理者在读表时，应该给予关注。

未分配利润如果是正的，代表企业盈利以后没有安排分配；如果是负的，代表累计下来弥补的亏损，如果负数金额巨大，说明企业经营风险是很高的，企业资产负债中含有水分。

企业会计制度规定，应该对八项资产进行减值准备。比如说短期投资，要计提投资跌价准备，应收账款和其他应收款要计提坏账准备，存货要计提跌价准备。长期投资、在建工程、无形资产、委托货款要计提减值准备。当企业计提减值准备时，费用就会增加，利润就会减少；当企业冲减减值准备时，按照规则费用就会减少，利润就会增加。

因此，阅读资产负债表应该注意：结合附表阅读——阅读时应注意附注；把握阅读重点——不同阅读者，侧重点不同；结合其他表、资料阅读。

案例分析

B公司资产负债表上显示的这两笔应收账款其实是注了水的应收账款。按照会计规则，如果这个企业的资产负债表中的应收账款和其他应收款偿还期超过3年的话，那么收回的可能性就不太大。B公司由于种种原因，不愿意把这项资产转销掉，所以仍然反映在资产负债表中的应收账款有200万元，很可能C公司再也无法偿还了。

在我国上市公司中存在着很多问题，如母公司从子公司借钱。而母公司从子公司借钱的时候通常出现一些情况，借了钱就不还，所以考察应收账款和其他应收款，如果发现应收款和其他应收款是应该向母公司收的，那这笔应收款的风险就比较大。B公司借给母公司A公司的50万元很有可能收不回来，在B公司的资产负债表上反映的数字也是有水分的。

单元小结

本单元介绍了资产负债表的性质与作用、结构；并讲解了资产负债表主要项目的阅读与分析方法；采用案例分析的方法，介绍了资产负债分析表的编制及综合分析方法在实践中的应用，其内容包括总额分析、具体项目及相关财务指标分析。

综合练习

（一）单选题

1. 变现能力最强的资产项目是（　　）。

A. 应收票据　　B. 应收账款

C. 货币资金　　D. 交易性金融资产

2. 下列项目不属于资本公积核算范围的是（　　）。

A. 股本溢价　　B. 提取公积金

C. 法定资产重估增值　　D. 接受捐赠

3. 可以分析评价长期偿债能力的指标是（　　）。

A. 存货周转率　　B. 资产负债率

C. 保守速动比率　　D. 流动比率

4. 某企业的流动资产为 23 万元，长期资产为 330 万元，流动负债为 65 万元，长期负债 83 万元，则资产负债率为（　　）。

A. 20%　　B. 24%

C. 35%　　D. 42%

5. 下列各项中，（　　）不是影响固定资产净值升降的直接因素。

A. 净残值　　B. 折旧方法

C. 折旧年限的变动　　D. 减值准备的计提

6. 下列各项属于资产负债表项目的是（　　）。

A. 短期借款　　B. 其他业务收入

C. 主营业务收入　　D. 管理费用

7. 资产负债表是反映企业某一特定日期财务状况的会计报表。它是根据（　　）这一会计等式编制而成的。

A. 资产 = 负债 + 所有者权益　　B. 收入 − 费用 = 利润

C. 收入 + 费用 = 利润　　D. 资产 = 负债 − 所有者权益

8. 股份有限公司经登记注册，形成的核定股本或法定股本，又称为（　　）。

A. 实收资本　　B. 股本

C. 资本公积　　D. 注册资本

9.（　　）是指企业发生非购销活动产生的应收债权。

A. 应收票据　　B. 应收账款

C. 交易性金融资产　　D. 其他应收款

10. 企业为了获取职工提供的服务而给予的各种形式的报酬以及其他相关支出被统称为（　　）。

A. 应付工资　　B. 应付福利费

C. 应付职工薪酬　　D. 其他应付款

（二）多选题

1. 资产负债表的作用表现在（　　）。

A. 揭示资产总额及其分布　　B. 揭示负债总额及其结构
C. 了解偿还能力　　D. 反映现金支付能力
E. 预测财务状况发展趋势

2. 一份完整的资产负债表通常由（　　）组成。

A. 表首　　B. 正表　　C. 补充资料
D. 财务比率　　E. 分析报告

3. 保守速动资产一般是指以下几项流动资产（　　）。

A. 短期证券投资净额　　B. 待摊费用　　C. 预付账款
D. 应收账款净额　　E. 货币资金

4. 以下项目中应列示在资产负债表流动资产的项目包括（　　）。

A. 应收账款　　B. 待摊费用　　C. 预收账款
D. 预付账款　　E. 低值易耗品

5. 可辨认的无形资产主要包括（　　）。

A. 专利权　　B. 商标权　　C. 著作权
D. 人力资源　　E. 土地使用权

6. 资产负债表的格式主要有（　　）。

A. 账户式　　B. 单项式　　C. 报告式
D. 多项式　　E. 多步式

7. 职工薪酬的内容主要包括（　　）。

A. 工资　　B. 福利费　　C. 工会经费
D. 职工教育经费　　E. 各种奖金

8. 下列各项属于资产类项目的是（　　）。

A. 应收账款　　B. 固定资产　　C. 预付账款
D. 累计折旧　　E. 短期借款

9. 下列各项属于负债项目的是（　　）。

A. 实收资本　　B. 未分配利润　　C. 应付账款
D. 预付账款　　E. 应收账款

10. 在下列指标中，反映企业偿债能力的指标是（　　）。

A. 营运资金　　B. 资产负债率　　C. 已获利息倍数
D. 流动比率　　E. 速动比率

（三）判断题

1. 因为货币资金的流动性最强，所以对企业经营来说是越多越好。（　　）
2. 资产按其流动性一般可分为流动负债和长期负债两大类。（　　）
3. 负债按其偿还期的长短分为长期负债和非长期负债。（　　）
4. 预付账款体现的是一种商业信用和资金的无偿使用。（　　）

5. 资产负债表反映会计期末财务状况，现金流量表反映现金流量。(　　)

6. 偿债能力是指企业清偿债务的现金保障程度。(　　)

7. 国际公认的标准是：流动比率 1∶1，速动比率 2∶1。(　　)

8. 所有者权益项目的排列顺序依次为实收资本、资本公积、盈余公积和未分配利润。(　　)

9. 资产负债率是反映企业资产营运能力的重要指标。(　　)

10. 衡量一个企业短期偿债能力的强弱，只要关注企业流动资产的多少和质量如何就行了。(　　)

(四) 技能训练

1. 目的：练习资产负债表内项目的计算。

资料：　**某公司年末资产负债表简略形式**　单位：元

资产	年末数	负债及所有者权益	年末数
货币资金	25 000	应付账款	
应收账款净额		应交税金	25 000
存货		长期负债	
固定资产净额	294 000	实收资本	300 000
		未分配利润	
总计	432 000	总计	

已知：(1) 期末流动比率 = 1.5　　(2) 期末资产负债率 = 50%

(3) 本期存货周转次数 = 4.5 次　　(4) 本期销售成本 = 315 000 元

(5) 期末存货 = 期初存货　存货周转次数 = 营业成本/存货平均余额

要求：根据以上资料，计算资产负债表的下列项目（必须列示计算过程）。

(1) 期末存货　(2) 应收账款净额　(3) 流动资产　(4) 流动负债

(5) 应付账款　(6) 长期负债　(7) 所有者权益 (8) 未分配利润

2. 目的：练习资产负债表分析能力。

资料：　**某公司 2009 年资产负债表的主要报表数据**　单位：元

资产	年末数	年初数	负债及所有者权益	年末数	年初数
…			…		
存货	96 000	88 000	流动负债	59 000	56 600
应收账款	38 000	24 000	长期负债	280 000	40 000
流动资产	140 150	117 600	…		
资产总计	876 800	627 680	负债及所有者权益总计	876 800	627 680

要求：(1) 编制比较会计报表；

(2) 计算偿债能力指标，并对其反映的财务状况进行简要分析。

单元三　利润表

学习目标

了解利润表的性质与作用；理解利润表的格式与内容及表中各要素之间的关系；掌握利润表项目的阅读及分析方法，能够对企业的经营成果做出正确的分析与评价。

项目八　利润表基础

任务8－1　了解利润表及其作用

案例导入

假设你正考虑对两家制造业公司进行股票投资。在看它们的年度报告时，你了解到两家公司去年底净收益相同，而且每家公司过去5年净收益的年增长率都是15%。但两家公司获取收益的途径不一样：公司A的收益主要来自其主业（制造业）的成功经营；公司B的制造业务两年来一直不景气，净收益的增长来自公司出售其业务分部获得的利润。

问题：你的选择是什么？从利润表中能看到某企业利润总额或者净利润很高，但财务专家却说企业没有获利能力，请你分析可能的原因是什么。

基础知识

利润表是反映企业在一定会计期间经营成果的报表。例如，反映1月1日至12月31日经营成果的利润表，由于它反映的是某一期间的情况，所以，又称为动态报表。有时，利润表也称为损益表、收益表。其作用是：

1. 反映企业在一定期间内的经营成果

利润表可以反映企业在一定期间内的经营成果，或者说它可以告诉企业，这段时间是赚钱还是赔钱。

2. 利于评价企业的获利能力

如果一个企业具有持久的盈利能力，主要看主营业务利润或营业利润。如果一个企业主营业务利润多，或营业利润多，则企业具有盈利能力；如果企业的营业外收入很多，可以认为企业能够创造利润，但不能判断企业具有盈利能力。

3. 可以帮助我们判断企业的价值

对一个企业的价值进行衡量时，企业的获利能力通常是评价其价值的一个重要因素。比如某企业是一个上市企业，该企业本身的价值与其获利能力是有联系的，所以可以借助它来评价企业的价值。

4. 预测企业未来盈利变化的趋势

借助利润表可以预测企业未来盈利变化的趋势。比如将第一年、第二年、第三年、第四年的利润表排列在一起作比较，如主营收入第一年100万元，第二年200万元，第三年300万元，第四年400万元，从企业主营收入的变化可以看出该企业的销售收入呈上升趋势，市场越做越大。再如某企业的管理费第一年100万元，第二年90万元，第三年80万元，企业管理费用的变化说明企业在行政管理开支上的压缩取得了较好的成绩，同时还可以了解该企业盈利发展变化的趋势。

总之，利润表主要告诉企业：企业是赚钱还是赔钱，如果赚钱赚在什么地方，如果赔钱主要赔在什么地方。

案例分析

应选择A公司。因为企业的营业利润在利润总额或者净利润所占比重较大时，一方面说明公司经营主体的行业与方向；另一方面可说明经营主体盈利水平较强，并具有持续增长的稳定性与抗经济波动能力。B公司的收益主要是靠出售其业务分部的营业外收入来支撑，终究是不能长久。因此一个企业如果利润总额或者净利润不是由营业利润得来的，而是由营业外收入、投资收益等“偶然所得”，通常这样的企业获利能力不强。

任务8－2　理解利润表的基本格式及内容

案例导入

某公司2009年全年有关资料，如表3－1所示。

表3－1　××公司2009年全年有关资料　　单位：元

项目	本年数	项目	本年数
主营业务收入	180 000	管理费用	19 000
营业外支出	750	所得税	14 100
主营业务成本	95 000	财务费用	2 500
销售费用	10 000	投资收益	2 700
营业外收入	1 800	其他业务收入	50 000
主营业务税金及附加	18 500	其他业务支出	46 000

问题：按上列资料计算主营业务利润、其他业务利润、营业利润、利润总额、净利润。

基础知识

一、利润表的格式

利润表一般有表首、正表两部分。其中表首说明报表名称、编制单位、编制日期、报表编号、货币名称、计量单位等；正表是利润表的主体，反映形成经营成果的各个项目和计算过程，所以，曾经将这张表称为损益计算书。

利润表正表的格式有两种：单步式利润表和多步式利润表。单步式利润表是将当期所有的收入列在一起然后将所有的费用列在一起两者相减得出当期净损益。多步式利润表是通过对当期的收入、费用、支出项目按性质加以归类，按利润形成的主要环节列示一些中间性利润指标，如主营业务利润、营业利润、利润总额、净利润，分步计算当期净损益。在我国，利润表采用多步式，每个项目通常又分为“本月数”和“本年累计数”两栏，具体格式如表 3 - 2 所示。

表 3 - 2　利润表

会企 02 表

编制单位：　　年　月　　单位：

项目	上年同期累计	本月数	本年累计数
一、营业收入			
减：营业成本			
营业税金及附加			
销售费用			
管理费用			
财务费用（收益以“ - ”号填列）			
资产减值损失			
加：公允价值变动净收益（净损失以“ - ”号填列）			
投资收益（净损失以“ - ”号填列）			
其中：对联营企业和合营企业的投资收益			
二、营业利润（亏损以“ - ”号填列）			
加：营业外收入			
减：营业外支出			
其中：非流动资产处置净损失（净收益以“ - ”号填列）			
三、利润总额（亏损总额以“ - ”号填列）			
减：所得税			
四、净利润			
五、每股收益：			
（一）基本每股收益			
（二）稀释每股收益			

二、利润表的内容

通常，利润表主要反映以下几方面的内容：

1. 构成营业利润的各项要素

从营业收入出发，减去为取得营业收入而发生的相关费用、税金、销售费用、管理费用、财务费用、投资收益（损失）后得出。

2. 构成利润总额（或亏损总额）的各项要素

利润总额（或亏损总额）在营业利润的基础上加、减营业外收支后得出。

3. 构成净利润（或净亏损）的各项要素

净利润（或净亏损）在利润总额（或亏损总额）的基础上，减去本期计入损益的所得税费用后得出。

在利润表中，企业通常按各项收入、费用以及构成利润的各个项目分类分项列示。也就是说收入按其重要性进行列示，主要包括主营业务收入、其他业务收入、投资收益、补贴收入、营业外收入；费用按其性质进行列示，主要包括主营业务成本、主营业务税金及附加、销售费用、管理费用、财务费用、其他业务支出营业外支出、所得税等；利润按营业利润、利润总额和净利润等利润的构成分类分项列示。

案例分析

主营业务利润 = 180 000 - 95 000 - 18 500 = 66 500（元）；其他业务利润 = 50 000 - 46 000 = 4 000（元）；营业利润 = 66 500 + 4 000 + 2 700 - 10 000 - 19 000 - 2 500 = 41 700（元）；利润总额 = 41 700 + 1 800 - 750 = 42 750（元）；净利润 = 42 750 - 14 100 = 28 650（元）。

项目九　利润表具体项目的阅读与分析

任务9－1　掌握营业利润组成项目的阅读与分析

案例导入

一个公司失败的原因很多，业务的盈利能力持续弱化是其中很重要的一条。例如同是从事食品加工的 A 和 B 上市公司，规模相同、所处的地理位置也相同，但两家企业在市场竞争中却出现不同景观。两家公司 1998—2000 年度利润表主要数据如表 3－3、表 3－4 所示。

表 3－3 A 公司 1998—2000 年度利润表主要数据 单位：元

项目	1998 年	1999 年	2000 年
…	…	…	…
三、营业利润	59 069 685	4 757 112	－35 597 799
加：营业外收入	5 391 145	27 318 501	25 385
减：营业外支出	340 654	48 341	358 915
四、利润总额	64 120 176	32 027 272	－35 931 329
减：所得税	22 119 563	7 946 616	—
五、净利润	42 000 613	24 080 655	－35 931 329

表 3－4 B 公司 1998—2000 年度利润表主要数据 单位：元

项目	1998 年	1999 年	2000 年
…	…	…	…
三、营业利润	103 901 962	187 322 377	223 677 092
加：营业外收入	10 488 789	17 267 729	15 754 966
减：营业外支出	2 097 056	1 598 495	3 143 995
四、利润总额	112 293 695	202 991 611	236 288 064
减：所得税	16 062 390	40 775 185	33 049 441
少数股东收益	29 094 128	39 678 222	44 880 674
五、净利润	67 137 177	116 318 585	154 698 250

问题：B 公司的崛起和 A 公司的滑坡引起我们对企业盈利能力怎样的思考？

基础知识

营业利润是企业利润的主要来源。它是指企业在销售商品、提供劳务等日常活动中所产生的利润。其计算公式为：

营业利润＝营业收入－营业成本－营业税费－销售费用－管理费用－财务费用－资产减值损失＋公允价值变动净收益＋投资净收益

一、营业收入

营业收入是指企业在从事销售商品、提供劳务和让渡资产使用权等日常经营业务过程中所形成的经济利益的总流入。分为主营业务收入和其他业务收入。

主营业务收入是指企业经常性的、主要业务所产生的收入。如制造业的销售产品、半成品和提供工业性劳务作业的收入；商品流通企业的销售商品收入；旅游服务业的门票收入、客户收入、餐饮收入等。主营业务收入在企业收入中所占的比重大小，对企业的经济效益有着举足轻重的影响。

其他业务收入是指除上述各项主营业务收入之外的其他业务收入。如材料销售、废旧物资销售、咨询收入、担保收入等其他业务收入。其他业务收入在企业收入中所占的比重较小。

对收入类项目进行分析，主要是：①将营业收入与企业上一年度的营业收入构成进行对比分析，从而了解营业收入的比重是上升还是下降，上升（下降）的原因是什么，然后根据这种分析做出正确的决策；②通过收入增减变动判断企业的经营状况与发展。另外，还可以进一步将本企业营业收入的增长速度与同行业企业的增长速度进行比较，进而从企业在行业竞争中所处的位置来评价本企业的经营业绩；③由于其他业务收入在整个企业收入中的比重一般不大，因此在进行收入分析时，应重点把握主营业务收入的变动情况。

二、营业成本

营业成本是指反映企业经营主要业务和其他业务发生的实际成本总额。它是与营业收入相关的、已经确定了归属期和归属对象的成本。在对营业成本进行分析时，主要精力应放在主要业务成本的变动上，确定本期与前期或同行业企业的成本差异，从而找出产生差异的原因。

三、营业税金及附加

营业税金及附加是指企业经营业务应负担的营业税、消费税、城市维护建设税、资源税、土地增值税和教育费附加等。营业税金及附加虽然不构成产品的生产成本，但却是企业为了取得营业收入而必须发生的一项费用支出。在分析时，应注意其计算的准确性和缴纳的及时性。

四、销售费用

销售费用是指企业在销售商品过程中发生的包装费、广告费等费用和为销售本企业商品而专设的销售机构的职工薪酬、业务费等经营费用。对利润表进行分析时，应将企业销售费用的增减变动和销售量的变动结合起来，分析这种变动的合理性、有效性。一般认为，在企业业务发展的条件下，企业的销售费用不应当降低。片面追求在一定时期的费用的降低，有可能对企业的长期发展造成不利影响。

五、管理费用

管理费用是指企业行政管理部门为组织和管理生产经营发生的诸如业务招待费、技术开发费、董事会会费、职工教育经费、涉外费、租赁费、咨询费、审计费、诉讼费、修理费、管理人员工资和福利费等费用。一般认为，在企业业务发展的条件下，企业的管理费用变动也不会太大，单一追求在一定时期的费用的降低，也有可能对企业的长期发展造成不利影响。

六、财务费用

财务费用是指企业为筹集生产经营所需资金而发生的筹资费用，包括：利息支出（减利息收入）、汇兑损失（减汇兑收益）以及相关的手续费等。由于财务费用是由企业筹资活动而发生的，因此在进行财务费用分析时，应当将财务费用的增减变动和企业的筹资活动联系起来，分析财务费用的增减变动的合理性和有效性，发现其中存在的问题，查明原因，采取对策，以期控制和降低费用，提高企业利润水平。

七、资产减值损失

资产减值损失是指因资产的账面价值高于其可收回金额而造成的损失。其范围主要是：对子公司、联营企业和合营企业的长期股权投资、采用成本模式进行后续计量的投资性房产、固定资产、生产性生物资产、无形资产、商誉、探明石油天然气矿区权益和井及相关设施。分析时要考虑到固定资产、无形资产、商誉等资产发生减值后，一方面价值回升的可能性较小，通常是永久性减值；另一方面为了避免确认资产重估增值和操纵利润，资产减值损失一经确认，在以后会计期间不得转回，以便消除一些企业通过计提秘密准备来调节利润的可能，限制利润的人为波动。

八、公允价值变动净收益

公允价值亦称公允市价、公允价格，是指熟悉市场情况的买卖双方在公平交易的条件下和自愿的情况下所确定的价格，或无关联的双方在公平交易的条件下一项资产可以被买卖或者一项负债可以被清偿的成交价格。“公允价值变动净收益”项目是指由于资产的公允价值发生变动而产生的收益。如：某资产入账时公允价值为10万元，期末其公允价值为12万元，此时产生公允价值变动净收益2万元。分析时要注意合理性。

九、投资收益

投资收益是指对外投资所取得的利润、股利和债券利息等收入减去投资损失后的净收益。分析时要注意对外投资产生的效益，对营业利润的影响程度。

十、营业利润

营业利润是指企业在生产经营活动中实现的经营性利润，它是形成企业最终财务成果的核心部分。企业营业利润的多少，代表了企业的总体经营管理水平和效果。通常营业利润越大的企业，效益越好。在进行具体分析时，还应注意以下问题：

（1）营业利润不但包括了主要业务利润，而且还包括其他业务利润。所以当企业多元化经营，多种经营业务开展得较好时，其他业务利润会弥补主要业务利润低的缺陷；但如果企业其他业务利润长期高于主要业务利润，则企业应适当考虑产业结构的调整问题。

（2）关注其他业务利润的用途，是用于发展主要业务，还是用于非生产经营性消费。如果是前者，企业的盈利能力会越来越强；如果是后者，企业将缺乏长远盈利能力。

当企业营业利润较小时，应着重分析主要业务利润的大小、多种经营的发展情况和期间费用的多少。如果企业主要业务利润和其他业务利润均较大，但期间费用较高，也会出现营业利润较小的情况，这时，就应重点分析销售费用、管理费用和财务费用项目。分析这几项费用的构成，找出费用居高的原因，严格控制和管理，通过降低费用提高营业利润。

案例分析

B公司在发展中紧紧围绕主业做文章，依靠高新技术提高产品质量，积极扩大主业生产规模，利用价格优势和规模优势，实现了经济效益的连年增长。正是该公司强劲的主营业务盈利能力给企业效益的持续增长奠定了良好基础。

但A公司自1998年年底募股上市后由于管理混乱，对主营业务之外的领域投资过度，结果将主营业务拖垮。该公司1999年以来主营业务收入，尤其是主营业务利润出现大幅下滑，1999年实现净利润2 408万元（见表3－3），但扣除了非经营性损益（营业外收入）后的净利润为负2 056万元，失去了主营业务的A公司在2000年陷入严重亏损，其实这个结果在1999年就可以预知。

任务9－2　掌握利润总额组成项目的阅读与分析

案例导入

营业外收支的分析——非经常性损益是“利润”吗?

在600831这个上海证券交易所的证券代码下，曾有过三次名字的更迭：西安黄河——ST黄河科——广电网络。曲折的改名道路同时告诉了我们一个不平凡的“利润”历程。西安黄河自1994年2月24日上市，除了当年未亏，此后，年年都与亏损沾边。

上市第二年即1995年的中期，就报亏274.4万元，年度亏损937.5万元；1996年中期亏损3 768.84万元，年度更是报亏23 538.68万元，是迄今为止亏损额最大的一年。但从1997年开始，事情就发生了戏剧性的变化，这一年中期报亏354.22万元，但年报就显示扭亏为盈，实现净利润583.06万元，后调整为306.25万元。接着，连续两年又如法炮制，1998年中期报亏1 452.67万元，年报盈利685.08万元，后调整为636.35万元；1999年中期报亏2 136.97万元，年报又盈利3 904.01万元（见表3－5）。该公司1999年的年报给了证券市场一个“惊奇”，不仅是大幅度扭亏为盈，而且以每股收益0.35元、净资产收益率34.3%的业绩成为陕西省上市公司中业绩最好的企业之一，如表3－5、表3－6所示。

表3－5　1998—2000年度利润表　　单位：元

项目	1998年	1999年	2000年
…	…	…	…
三、营业利润	630 155	－17 580 337	－24 572 660
加：营业外收入	612 882	56 944 148	33 452
减：营业外支出	1 056 985	194 466	34 258
四、利润总额	6 861 360	39 169 345	－24 573 465
减：所得税	3 967	129 192	27 112
五、净利润	6 850 854	39 040 153	－24 600 577

表 3-6　1999 年度报告所披露的非经常性损益项目明细　　单位：元

非经常性损益项目	涉及金额
长岭黄河集团有限公司让债收入	26 000 000.00
黄河机器制造厂让债收入	30 000 000.00
出售黄河机器制造厂三十亩土地实现利润	22 513 407.67
根据公司与黄河机器制造厂减债协议以部分商品抵债形成销售利润	9 458 917.07
以上四项共计影响利润	87 972 324.74

问题：非经常性损益对净利润的影响是什么？

基础知识

以营业利润为基础，加上营业外收入减去营业外支出得到利润总额。其中，非流动资产处置净损失应当单独列示。

一、营业外收支

营业外收入是指与企业生产经营活动没有直接关系的各种收入。营业外收入并不是由企业经营资金耗费所产生的，不需要企业付出代价，实际上是一种纯收入，不可能也不需要与有关费用进行配比。主要包括：固定资产盘盈、处置固定资产净收益、罚款净收入等。

营业外支出是指不属于企业生产经营费用，与企业生产经营活动没有直接的关系，但应从企业实现的利润总额中扣除的支出，包括固定资产盘亏、报废、毁损和出售的净损失、非季节性和非修理性期间的停工损失、职工子弟学校经费和技工学校经费、非常损失、公益救济性的捐赠、赔偿金、违约金等。

企业的利润总额包括营业利润和营业外收支。在一般情况下，营业利润反映了企业正常生产经营活动的成果，而营业外收支项目则反映与其经营活动无直接关系的各项收入和支出。因此，应重点对营业外支出项目进行分析，着重检查是否严格按照国家规定的项目、范围和标准列支，是否违反了国家关于成本开支范围的规定，把应计入产品成本中的费用也计到营业外支出中，从而在成本指标中造成虚假现象等。通过营业外收支的分析，可以补充说明企业工作的质量，揭露企业工作中的薄弱环节，并据以制定措施，改进工作。

二、利润总额

利润总额是企业最终实现的财务成果，它反映出企业的投入产出效率与管理水平的高低。利润总额的分析，是根据利润表所反映的数据以及有关资料进行的，侧重于根据组成利润总额的几个主要项目来进行比较分析。

1. 分析利润总额的增长与完成情况

首先，将企业本年的利润总额的实际数与计划数（预计数）进行对比，计算本年利润总额计划的完成程度，并将本年利润总额同上年利润总额进行比较，计算利润增长率，以动态观察企业利润的增长情况。其次，将组成利润总额的各项目的本年实际数同上年实际数进行比较，以便确定各项目对企业经营成果的影响程度。

2. 分析利润总额构成的变动情况

一般情况下，营业利润是企业生产活动中主要业务所得，它是利润总额的基本构成因素，在利润总额中占的比重应最大，而营业外收支等在利润总额中所占比重应较小。根据这个原则，在分析时，就要注意企业利润总额的构成是否符合上述情况。如果企业的利润总额是在扩大其他销售利润的基础上完成的，说明企业过多地从事了基本生产经营活动以外的业务活动，若不对产品结构或经营方针进行重大调整，势必会妨碍企业的基本生产经营活动。所以，还应当结合企业的情况作进一步的分析，以查明原因。

3. 对影响利润总额的各个组成部分进行分析

企业的净利润等于利润总额减去所得税后的余额。在正常情况下，企业的非营业利润较小，所得税相对稳定。因此，只要营业利润较大，利润总额和净利润也会较高，在分析时应注意以下问题：

如果企业的利润总额和净利润主要由非营业利润获得，则该企业利润实现的真实性和持续性应引起报表分析人员的重视。

如果企业的营业利润主要由投资收益盈利获得，则应肯定以前的投资决策是正确的，但要分析内部经营管理存在的问题，以提高企业内部生产经营活动的创新能力。

案例分析

非经常性损益是指公司发生的与生产经营无直接关系，以及虽与生产经营相关，但由于其性质、金额或发生频率，影响了真实、公允地评价公司当期经营成果和获利能力的各项收入、支出。如投资收益、补贴收入、营业外收支。仔细分析1999年该公司的年度报告，ST黄河科的每股收益在扣除非经常性损益后则为亏损0.44元，这就说明，该公司净利润剧增的513.5%，皆为资产出售和转让债务等非经常性损益所致。再结合该公司当年报表披露的非经常性损益项目，实际可以看出，1999年的非经常性损益接近8 800万元，是全年净利润的两倍，企业事实上的情况是主营业务收入萎缩58%，营业利润项目下记录1 700万元的亏损。非经常性损益所支撑起的“绩优”结果自然无法持久，到了2000年，公司产品难以销售，主业持续萎缩的窘况进一步加深，并且失去了非经常性损益的帮助，最终复又亏损2 400万元。

任务9－3　掌握净利润组成项目的阅读与分析

案例导入

某企业2009年净利润下降幅度高达49.74%，但经常性净利润（即剔除非经常性损益后的净利润）增长达72.05%，营业利润增长幅度为39.76%。

问题：请你分析该企业的经营成果。

基础知识

净利润又称税后净利，它是以利润总额为基础减去所得税后的余额。如果为净亏损则以“－”号填列到利润表当中。税后净利润归属于企业所有者，因此，企业若实现净利润就增加了所有者权益，而发生净亏损则减少了所有者权益。

一、所得税

所得税是指企业根据所得税准则确认的应从当期利润总额中扣除的所得税费用。所得税分析的关键在于确定资产、负债的计税基础。

二、净利润

净利润是指企业在一定时期实现的完全属于股东所有的经营成果，它不仅包括经营性的盈利，而且还包括投资、资本运作等理财性盈利和非经常性损益。因此，净利润的增减变动是利润表上所有项目增减变动的综合结果。在对营业利润和利润总额进行初步分析的基础上进行净利润的增减变动及其构成的分析时，应将分析的重点放在本期净利润增减变动的主要项目上，尤其应分清经营性、经常性损益项目的影响和非经营性及非经常性损益项目的影响。

对于任何企业来讲，经营性的营业利润必须是构成净利润的最重要的部分，其金额应远远高于非经营性损益项目金额。反之，则企业正常的生产经营能力和生存能力令人怀疑。这一点在分析时应尤为引起重视。对净利润分析的内容，包括对形成净利润的各项目的增减变动及其结构变动的分析，和对其中变动差异较大的重点项目的分析。

案例分析

在利润表中，企业的营业利润是企业日常经营活动所得利润，最能说明企业盈利能力的大小。如果一个企业在营业利润上赚了钱，说明企业具有较好的盈利能力，如果一个企业确实赚了很多钱，但不是营业利润，而是通过无法控制的事项或偶然的交易获得的，不能说明企业盈利能力的大小。阅读利润表只看净利润是不够的，还要进一步关注发生在主营业务收入、营业利润及经常性净利润等指标上的增减变化情况。本例中该企业 2009 年净利润虽然下降幅度高达 49.74%，但经常性净利润却大幅增长达 72.05%，而且营业利润的增长幅度为 39.76%，也证明了该企业在本年度主管业务得到很大改善的情况。

项目十　利润表的综合分析

分析过程

编制利润表的水平分析表与垂直分析表；

总体把握，企业赚了多少钱？

分层观察，在哪里赚的钱？是来自日常活动还是非经常性损益所得？

具体项目与上期、计划、行业对比，满意吗？

借助相关的财务比率透视企业经营管理存在的问题。

任务 10－1　掌握相关财务比率

案例导入

有甲、乙两个企业，甲企业今年的净利润是 8 000 万元，乙企业今年的净利润是 4 000 万元，能不能说甲企业一定比乙企业好？甲企业的净资产为 8 000 万元，乙企业的净资产是1 600 万元。

问题：请判断到底哪家公司的盈利能力强。

基础知识

盈利能力是指企业获取利润的能力，企业的盈利能力越强，则其给予股东的回报越高，企业价值越大。同时盈利能力越强，带来的现金流量越多，企业的偿债能力得到加强。因此，对企业的盈利能力进行分析时，在考虑绝对值的基础上，往往更多地考虑相对值指标。相对值指标一般用各种比率指标进行反映。反映企业盈利能力的比率指标很多，主要包括：

一、毛利率

毛利率是指营业毛利与营业收入的比率；营业毛利是企业营业收入扣除营业成本与营业税金及附加后的差额，反映企业在销售环节获利的效率。通常，营业毛利率指标越高，企业的销售盈利能力就越强，其产品在市场上的竞争能力也越强。计算公式为：

毛利率＝（营业收入－营业成本－营业税金及附加）÷营业收入净额×100%

分析一：与行业相比毛利率较高或者适中，通常认为这个商品的竞争能力比较强。

分析二：与前期相比毛利率提高，可能说明企业生产经营具有一定的成效。

二、营业利润率

营业利润率是企业营业利润与营业收入的比率，反映了企业成熟产品的销售盈利能力。营业利润率是衡量企业创利能力高低的一个重要财务指标：该指标越高，表明企业营业创利能力越强，未来收益的发展前景越可观。计算公式为：

营业利润率＝营业利润÷营业收入净额×100%

分析时应参照同行业的平均水平或先进水平进行评价。

三、营业净利率

营业净利率是指企业净利润与营业收入的比率。通常，营业净利率指标越高，说明企业销售的盈利能力越强。但也并不是说营业净利率越高越好，因为除此之外还必须看企业的销售增长情况和净利润的变动情况。计算公式为：

营业净利率＝净利润÷营业收入净额×100%

分析一：结合影响企业净利润的其他因素来说明企业管理水平的高低。

分析二：结合行业的特点判断营业净利率指标的高低。

分析三：将营业收入与净利润的增长速度进行比较。

四、净资产收益率

净资产收益率是企业的净利润与平均净资产的比率，是反映投资者的资本获利能力的指标。计算公式为：

$$净资产收益率 = 净利润 \div 平均净资产 \times 100\%$$

这一比率越高，说明企业运用资本创造利润的效果越好；反之，则说明资本的利用效果较差。

五、总资产报酬率

总资产报酬率主要用来衡量企业利用总资产获得利润的能力，它反映了企业总资产的利用效率。计算公式为：

$$总资产报酬率 = （利润总额 + 利息支出） \div 平均总资产 \times 100\%$$

在分析这一指标时，通常要结合同行业平均水平或先进水平，以及企业前期的水平进行对比分析，才能判断企业总资产报酬率的变动对企业的影响，从而了解企业总资产的利用效率，发现企业在经营管理中存在的问题，挖掘潜力，调整经营方针，以达到提高总资产利用效率的目的。

案例分析

净资产收益率可以对比相同时期内不同企业投入与产出的差异。甲企业的净资产收益率100%（8 000÷8 000×100%），等于是投资1元赚了1元；乙企业的净资产收益率250%（4 000÷1 600×100%），等于是投资1元赚2.5元，这样看来乙企业的效益就比甲企业的效益好。

任务10－2　掌握利润表的综合分析

案例导入

A公司利润水平、垂直分析表，见表3－7、表3－8。

表3－7　利润水平分析表　　单位：万元

项目	2005年	2006年	增减额	增减率（%）
一、营业收入	12 521	18 889	6 368	50.86
减：营业成本	8 840	12 000	3 160	35.75
营业税金及附加	370	420	50	13.51
销售费用	1 100	1 575	475	43.18
管理费用	1 370	3 170	1 800	131.39
财务费用（收益以“－”号填列）	60	130	70	116.67
资产减值损失	50	55	5	10.00
加：公允价值变动净收益（净损失以“－”号填列）				
投资收益（净损失以“－”号填列）	38	－46	－84	－221.05

（续上表）

项目	2005 年	2006 年	增减额	增减率（%）
其中：对联营企业和合营企业的投资收益				
二、营业利润（亏损以“－”号填列）	769	1 493	724	94. 15
加：营业外收入	15	16	1	6. 67
减：营业外支出	38	16	－22	－57. 89
其中：非流动资产处置净损失（净收益以“－”号填列）				
三、利润总额（亏损总额以“－”号填列）	746	1 493	747	100. 13
减：所得税	246	493	247	100. 41
四、净利润	500	1 000	500	100. 00
五、每股收益：				
（一）基本每股收益				
（二）稀释每股收益				

表 3－8　利润垂直分析表　　单位：%

项目	2005 年	2006 年	变动幅度
一、营业收入	100. 00	100. 00	—
减：营业成本	70. 60	63. 53	－7. 07
营业税金及附加	2. 96	2. 22	－0. 74
销售费用	8. 79	8. 34	－0. 45
管理费用	10. 94	16. 78	5. 84
财务费用（收益以“－”号填列）	0. 48	0. 69	0. 21
资产减值损失	0. 40	0. 29	0. 11
加：公允价值变动净收益（净损失以“－”号填列）			
投资收益（净损失以“－”号填列）	0. 30	－0. 24	－0. 54
其中：对联营企业和合营企业的投资收益			
二、营业利润（亏损以“－”号填列）	6. 14	7. 90	1. 76
加：营业外收入	0. 12	0. 08	－0. 04
减：营业外支出	0. 30	0. 08	－0. 22
其中：非流动资产处置净损失（净收益以“－”号填列）			
三、利润总额（亏损总额以“－”号填列）	5. 96	7. 90	1. 94
减：所得税	1. 96	2. 61	0. 65
四、净利润	4. 00	5. 29	1. 29
五、每股收益：			
（一）基本每股收益			
（二）稀释每股收益			

问题：对 A 公司进行综合利润分析。

基础知识

利润表的综合分析主要是通过编制利润表的水平分析表（编制方法同资产负债水平分析表），可以对利润的增减变动情况进行分析；通过编制利润表的垂直分析表（编制方法同资产负债水平、垂直分析表），可以对利润构成的变动情况进行分析。具体步骤：

1. 编制利润表的水平分析表和垂直分析表

编制方法同资产负债水平、垂直分析表一样，这里不再重复。

2. 总体把握结果

在看利润表时，一般都有一个习惯动作，即从下往上看，很少有人从上往下看。也就是说首先看的是最后一行净利润，然后是利润总额。这就是检查经营成果的第一步：把握结果。把握结果的目的是要看一看企业是赚钱还是赔钱，如果净利润是正数，说明企业赚钱；如果净利润是负数，说明企业赔钱。注意：净利润为正不一定就万事大吉，分析时应重点把握净利润、利润总额、营业利润。

3. 分层观察

通过观察利润总额中各组成部分的比重，能够说明企业利润是否正常合理。通常情况下，营业利润应是其利润总额中比重最高的。在利润表中，企业的营业利润是企业日常经营活动所得利润，最能说明企业盈利能力的大小。如果一个企业在营业利润上赚了钱，说明企业具有较好的盈利能力；如果一个企业确实赚了很多钱，但不是营业利润，而是通过无法控制的事项或偶然的交易获得的，不能说明企业盈利能力的大小。

另外，在分析时还可通过具体项目与上年及年初所定的目标（预算目标）相比，在某种程度上确定对本年度业绩是否满意；与行业标准相比，了解在行业中的位置；还可与公认标准相比来进行分析。并且还可借助相关财务比率进一步对企业的盈利能力进行量化分析。

案例分析

第一步，编制利润水平及垂直分析表。

第二步，利用利润的水平分析表总体把握经营结果。

（1）净利润分析。净利润是企业经营的最终成果，是衡量一个企业经营效益的主要指标：净利润多，企业的经营效益就好；净利润少，企业的经营效益就差。A 公司在 2006 年实现净利润 1 000 万元，比 2005 年增长了 500 万元，增长率为 100%。净利润增长的主要原因是 2006 年利润总额比 2005 年增长了 747 万元，同时 2006 年所得税也比 2005 年增长了 247 万元，两者相抵后，2006 年净利润仍比 2005 年增加了 500 万元。显然，对利润总额的增长还应作进一步的分析。

（2）利润总额分析。利润总额是企业在一定时期内经营活动的税前成果。A 公司在 2006 年实现利润总额 1 493 万元，比 2005 年增长了 747 万元，增幅为 100.13%。经分析，主要原因是企业的营业利润增长了 724 万元。另外，2006 年营业外收入较 2005 年增加了 1 万元，2006 年营业外支出较 2005 年减少 22 万元，营业外收支共同使利润总额增加 23 万元。两个因素共同作用，使利润总额增长了 747 万元。显然，营业利润增长是利润总额增长的主要原因。为此，还应对营业利润作进一步的分析。

（3）营业利润分析。营业利润是企业在生产经营活动中实现的经营性利润。A公司在2006年实现营业利润1 493万元，比2005年增长了724万元，增幅为94.15%。经分析，主要原因是2006年营业收入较2005年有较大幅度的增加，增幅为50.86%，虽然营业成本、营业税金及附加、销售费用、管理费用和财务费用等项均有一定程度的增加，但仍不能抵消营业收入的增长。值得注意的是，2006年管理费用和财务费用较2005年都有大幅度的增加，这是企业在分析时应该注意的事项。企业应结合具体情况，分析这两项费用增加的具体原因，从而找出解决的办法。另外，2006年投资净收益出现了负值，说明企业投资有可能出现了失误，在分析时也应引起注意。

第三步，通过观察利润总额中各组成部分的比重，说明企业利润是否正常合理。

从垂直分析表中可以看出A公司本年度财务成果的构成情况：营业利润占营业收入的比重为7.9%，比上年度的6.14%增长了1.76%；利润总额占营业收入的比重为7.9%，比上年度的5.96%增长了1.94%；净利润占营业收入的比重为5.29%，比上年度的4%增长了1.29%。由此可见，从企业利润的构成上看，盈利能力比上年有所提高。

从营业利润的内部结构变化看，主要是营业成本、营业税金及附加及销售费用的比重比2005年有所降低，另外，资产减值损失的比重也有所下降，说明企业在成本控制和资产管理上取得了成绩。值得注意的是，2006年的管理费用和财务费用的比重比2005年分别提高5.84%和0.21%，这对公司取得营业利润是个不利的因素，要结合企业具体情况作深入分析。

综上所述，该公司在增收节支、开源节流方面取得了一定成效。

项目十一　人为因素对利润的影响

任务11－1　了解新《企业会计准则》对传统利润操纵手段的有效遏制

案例导入

买同一件商品，第一次买的时候是10元一个，第二次买的时候是12元一个，当想让利润多的时候，就把10元转为成本，所选用的成本结转方法是先进先出法，这样成本小了，利润就多了；当想让利润少的时候，就把12元转为成本，所选用的方法是后进先出法。方法的变更使费用可大可小，导致的结果就是利润可以增加也可以减少。

问题：新《企业会计准则》存货计价是如何规定的？

基础知识

新《企业会计准则》充分考虑了我国的经济环境和会计环境，修订了若干业务核算准则，规范和控制企业对利润的人为操纵。比如，取消了确定发出存货的实际成本的“后进先出法”，有效地抑制企业通过存货记账方法的变更而进行利润调整，提高了会计信息的使用价值；“计提的资产减值损失一经确认，在以后会计期间不得转回”。这项准则的出台使得企业将无法像以往那样利用减值准备作为人为调节利润的工具；对上市公司利用关联交易进行利润操纵的遏制，新准则加大了关联交易披露的范围和内容并要求明确化和具体化；对同一控制下企业合并的会计处理要求按照合并日被合并方的账面价值计量，放弃使用公允价值，以避免利润操纵；扩大了合并财务报表的范围：一是以控制为基础，二是将其全部子公司纳入合并范围。这一规则的变革有效地防止了一些企业利用缩小持股比例、分离经营状况不好的子公司来粉饰企业集团整体业绩的行为。

案例分析

新《企业会计准则第1号——存货》第十四条规定："企业应当采用先进先出法、加权平均法或者个别计价法确定发出存货的实际成本。"新准则取消了原有的"后进先出法"。新会计准则的这一变化，将会有效地抑制企业通过存货记账方法的变更而进行利润调整，提高会计信息的使用价值。

任务11－2 理解人为因素对利润的影响

案例导入

A企业2005年1月1日向银行借款500万元，上马一条生产线，银行贷款利率假定为10%，期限2年。生产线于2006年6月30日完工投入使用。贷款利息100万元（500×10%×2）计入生产线成本中。

问题：A企业的做法对吗?

基础知识

公司的利润表本应该真实、公允地反映企业的经营成果，但实际操作中，企业会为了某种目的而进行利润操纵，其手法多种多样，主要介绍以下几种：

一、公允价值

《企业会计准则》把公允价值计量作为一种计量属性纳入了各项资产的核算当中。公允价值是指在公平交易中熟悉情况的交易双方自愿进行资产交换或债务清偿的金额。从实质上来说，公允价值的公允性基于主观判断的定性因素较多。其本身公允不公允其实很难说得清楚。另外，目前我国市场经济尚未健全和规范，没有形成活跃的资产交换二级市场、资产评估随意性较大、相关法律法规不完善，因而在采用公允价值进行计量时，很大程度上不可避免地受到人为因素的干扰，而这恰恰成为一些企业人为操纵利润的工具。

二、借款费用资本化

《企业会计准则》规定，如果相关资产的构建或生产占用了专项借款之外的一般借款，被占用的一般借款的利息支出允许计入资产。因此，公司可能在一般借款的利息支出和符合资本化条件的资产上打主意。如企业想扩大利润，可扩大利息资本化范围，通过采用一定的手段使专项借款之外的一般借款的利息支出符合计入资产的要求，将已完工的固定资产长期作为在建工程核算，这样既延长了利息支出计入资产的时间，又减少了折旧的计提，从而达到操纵利润的目的。以固定资产借款利息为例，假定某企业固定借款是1年3 000万元，而这3 000万元的借款利息，按照会计规则有的可以做费用，有的不能做费用。有些企业可能采取这样一种方法，当企业想要利润多的时候，就把该借款利息加入固定资产成本中，不计入费用；当企业想让利润少的时候，让借款费用全部计入财务费，这样利润就下降了。

三、固定资产

《企业会计准则》规定，企业至少应当于每年年度终了，对固定资产的使用寿命预计残值和折旧方法进行复核。使用寿命预计数与原先估计数有差异的，应当调整固定资产使用寿命。预计净残值预计数与原先估计数有差异的，应当调整固定资产预计净残值。与固定资产有关的经济利益预期实现方式有重大改变的，应当改变固定资产折旧方法。在企业的固定资产一般都比较大的前提下，想在折旧上做文章的企业也会较多，企业只要找到证据证明其固定资产与原估计有差异，就可以进行会计估计变更，对业绩进行调整，达到操纵利润的目的。比如，固定资产折旧的计算方法有平均年限法和加速折旧法。在平均年限法中，企业可以是 5 年到 10 年折旧，企业可以选择 5 年，也可以选择 10 年。当企业想让利润多的时候，很可能选择的折旧期限就加长了，将原来的 5 年改成 10 年；当企业想让利润少的时候，很可能就缩短折旧年限，将 10 年缩短到 5 年。通过折旧方法的变更，有时候费用可以人为地操纵。

四、无形资产

《企业会计准则》规定，企业内部研究开发项目的支出分为研究阶段支出和开发阶段支出。研究阶段的支出应当于发生时计入当期损益；开发阶段的支出在满足一定条件时确认为无形资产。但在实际操作中，很难严格界定什么费用属于研究阶段，什么费用属于开发阶段。因此，企业就可能通过主观划分这两个阶段，来决定研发支出费用化和资本化的分界点，从而达到操纵利润的目的。另外，由于《企业会计准则》规定开发阶段的支出归入无形资产的价值中定期进行摊销、摊销年限的不固定，因此，企业通过开发支出允许、调节无形资产的摊销年限以达到操纵利润的目的。

五、投资收益

一方面当投资企业对被投资单位具有控制、共同控制或重大影响时，长期股权投资才能采用权益法核算；另一方面我国所得税是根据投资企业是否从被投资企业分得红利及红利多少来征税的。因此，一些企业为达到操纵利润的目的，在被投资企业盈利的情况下，将投资收益核算方法由成本法改为权益法，增加当期的投资收益，这样一方面可以虚增当期利润，另一方面却无须为这些增加的利润缴纳所得税。

六、费用挂账处理

企业所发生的该处理的费用，应在当期立即处理并计入损益。但有些企业为了使当期盈利，会通过挂账等方式降低当期费用，以获得虚增利润的目的。比如应收账款，尤其是 3 年以上的应收账款长期挂账、待处理财产损失长期挂账、在建工程长期挂账、该摊费用不摊销。

案例分析

不对，正确的做法是：生产线完工前的利息75万元（500×10%×1.5）计入固定资产成本，完工后的利息25万元（500×10%×0.5）计入财务费用。A企业这样处理的结果导致2006年的利润不实，有操纵利润之嫌。

单元小结

本单元介绍了利润表的格式、内容及各要素之间的关系；重点阐述了对收入、费用和利润项目的阅读和分析方法；采用案例分析的方法，介绍了利润分析表的编制及综合分析方法在实践中的应用，其内容包含了利润额增减变动分析和利润构成的结构变动分析及相关财务指标分析。另外还介绍了人为因素对利润的影响。

综合练习

（一）单选题

1. 我国企业的利润表采用（　　）。

A. 多步式　　B. 单步式

C. 报告式　　D. 账户式

2. 反映企业一定时期经营成果的会计报表是（　　）。

A. 资产负债表　　B. 现金流量表

C. 利润表　　D. 所有者权益变动表

3. 利润表是根据（　　）会计等式设计的。

A. 收入－费用＝利润　　B. 资产＝权益

C. 收入＋费用＝利润　　D. 资产＝负债＋所有者权益

4. （　　）不仅包含了主营业务利润，而且包含了其他业务利润。

A. 营业收入　　B. 利润总额

C. 净利润　　D. 营业利润

5. 每股收益是（　　）中的项目。

A. 资产负债表　　B. 利润表

C. 现金流量表　　D. 所有者权益变动表

6. 企业利润总额中属于最基本、最经常同时也是最稳定的因素是（　　）。

A. 其他业务收入　　B. 营业收入

C. 投资收益　　D. 营业利润

7. 利息费用是指本期发生的全部应付利息，不仅包括计入财务费用的利息费用，还应包括（　　）。

A. 汇兑损溢　　B. 购建固定资产而发行债券的当年利息

C. 银行存款利息收入　　D. 固定资产已投入使用之后的应付债券利息

8. （　　）是指企业在日常活动中形成的，会导致所有者权益增加的，与所有者投入资本无关的经济利益的总流入。

A. 主营业务收入　　B. 投资净收益

C. 劳务收入　　D. 收入

9. 下列各项属于利润表项目的是（　　）。

A. 应收账款　　B. 营业费用

C. 固定资产　　D. 应收账款

10. 对（　　）项目进行分析时，应注意其计算的准确性和缴纳的及时性。

A. 营业税金及附加　　B. 投资净收益

C. 公允价值变动净收益　　D. 净利润

（二）多选题

1. 下列各项属于利润表项目的是（　　）。

A. 财务费用　　B. 所得税　　C. 营业成本

D. 管理费用　　E. 资本公积

2. 下列各项目中，属于利润表的内容的是（　　）。

A. 递延所得税资产　　B. 资产减值损失　　C. 投资净收益

D. 每股收益　　E. 经营活动现金流量

3. 下列各项属于利润表项目的是（　　）。

A. 营业收入　　B. 营业税金及附加　　C. 实收资本

D. 管理费用　　E. 投资收益

4. 财务费用是指企业为筹集生产经营所需资金而发生的各项费用，具体包括（　　）。

A. 利息支出　　B. 汇兑损失　　C. 手续费

D. 所得税　　E. 职工教育经费

5. 对利润表项目进行阅读与分析应主要对（　　）进行阅读与分析。

A. 收入类项目　　B. 费用类项目　　C. 利润类项目

D. 工时消耗　　E. 品种结构

6. 对利润项目的阅读与分析，主要包括（　　）。

A. 营业收入　　B. 投资净收益　　C. 营业利润

D. 利润总额　　E. 净利润

7. 如果企业的（　　）主要由非营业利润获得，则该企业利润实现的真实性和特殊性应引起报表分析人员的重视。

A. 利润总额　　B. 净利润　　C. 营业利润

D. 投资收益　　E. 公允价值变动净收益

8. 对利润总额进行分析，主要侧重于对组成利润总额的（　　）项目进行比较分析。

A. 营业利润　　B. 营业外收入　　C. 营业外支出

D. 营业收入　　E. 所得税

9. 对净利润分析的内容，包括对形成净利润的（　　）等方面的分析。

A. 营业外支出　　B. 资产减值损失　　C. 各项目的增减变动

D. 各项目的结构变动　　E. 变动较大的重点项目

10. 从销售费用的基本构成及功能看，有些与企业的业务规模有关，它们是（　　）。

A. 运输费　　B. 包装费　　C. 保险费

D. 销售佣金　　E. 展览费

（三）判断题

1. 利润表是反映企业在一定时期的经营成果的报表。（　　）

2. 资产负债表属于动态报表，而利润表属于静态报表。（　　）

3. 我国企业的利润表，按企业会计制度规定采用单步式。（　　）

4. 利润表的“本年累计数”栏反映各项目自年初起至本月末止的累计实际发生额。（　　）

5. 利润表中体现的企业盈利能力的大小，实现净利润的高低，是企业能否在资本市场上融资以及影响融资规模的重要依据。（　　）

6. 基本每股收益是净利润的抵减项目。（　　）

7. 企业为第三方代收的款项也应确认为企业的收入。（　　）

8. 当企业营业利润较小时，应着重分析营业利润的大小、多种经营的发展情况以及期间费用的多少。（　　）

9. 如果企业的营业利润主要来源于投资收益，则应肯定企业以前的投资决策的正确性，但要分析企业内部管理存在的问题，以提高企业经营活动内在的创新能力。（　　）

10. 对利润总额的构成情况进行分析，应重点突出对营业外支出项目的分析。（　　）

（四）技能训练

1. 目的：练习具体项目的分析能力。

资料：

某公司收入类项目构成及变动情况表

项目	2008 年		2009 年		差异	
	金额（万元）	比重（%）	金额（万元）	比重（%）	金额（万元）	比重（%）
主营业务收入	92 825.70	77.18	108 253.80	81.76	15 428.10	4.58
其他业务收入	26 947.60	22.40	22 065.30	16.67	−4 882.30	−5.73
投资收益	105.20	0.09	1 513.00	1.14	1 407.80	1.05
营业外收入	395.70	0.33	572.20	0.43	176.50	0.10
合 计	120 274.20	100.00	132 404.30	100.00	12 130.10	0.00

要求：对该公司的收入情况作简要分析。

2. 目的：练习利润表的分析能力。

资料：　　　　　　　　　　　　**某公司2009年利润分析表**　　　　　　　　　　　单位：万元

项目	本年数	上年数	水平分析表		垂直分析表		
			增减额	增减率（%）	本年构成	上年构成	构成变动
一、营业收入	2 100	1 860	240	12.90	100.00	100.00	—
减：营业成本	1 220	1 070	150	14.02	58.10	57.53	0.57
营业税金及附加	120	108	12	11.11	5.71	5.81	-0.10
销售费用	190	162	28	17.28	9.05	8.71	0.34
管理费用	100	80	20	25.00	4.76	4.3	0.46
财务费用（收益以“-”号填列）	30	20	10	50.00	1.43	1.08	0.35
资产减值损失							
加：公允价值变动净收益（净损失以“-”号填列）							
投资收益（净损失以“-”号填列）	30	30	0	0	1.43	1.61	-0.18
其中：对联营企业和合营企业的投资收益							
二、营业利润（亏损以“-”号填列）	470	450	20	4.44	22.38	24.19	-1.81
加：营业外收入	15	10	5	50.00	0.71	0.54	0.17
减：营业外支出	65	60	5	8.33	3.10	3.23	-0.13
其中：非流动资产处置净损失（净收益以“-”号填列）							
三、利润总额（亏损总额以“-”号填列）	420	400	20	5.00	20.00	21.51	-1.51
减：所得税	105	100	5	5.00	5.00	5.38	-0.38
四、净利润	315	300	15	5.00	15.00	16.13	-1.13
五、每股收益：							
（一）基本每股收益							
（二）稀释每股收益							

要求：（1）理解分析表的编制方法；

（2）对该公司本年度的财务状况进行分析。

单元四　现金流量表

学习目标

了解现金流量表在企业经营管理中的重要作用；明确利润与现金流量的关系；掌握现金及现金流量的概念与内容，现金净流量的计算方法和表内重要项目的分析方法，对企业现金流量的变动做出全面、客观的分析，并对其变动趋势做出准确的判断与预测。

项目十二　现金流量表的基础

任务 12－1　了解现金流量表的概念及作用

案例导入

公司在编制2008年中期现金流量表时，对于2008年6月1日购入2005年8月1日发行的期限为3年的国债进行处理。

问题：（1）这笔国债可否看成是现金？（2）现金流量表中的“现金”与日常所说的“现金”一样吗？为什么？

基础知识

在了解现金流量表之前，首先应明确几个相关的概念，要注意这些概念与日常理解的含义是不同的。

一、现金

现金流量管理中的现金，不是我们通常所理解的手持现金，而是指企业的货币资金和现金等价物。货币资金包括现金、可以随时用于支付的银行存款和其他货币资金。现金等价物是指企业持有的期限短、流动性强、易于转换为已知金额现金、价值变动风险很小的投资。一项投资被确认为现金等价物必须同时具备四个条件：期限短、流动性强、易于转换为已知金额现金、价值改动风险小。

二、现金流量

现金流量是指企业一定时期的现金和现金等价物的流入和流出的数量，可用三个指标来反映：即现金流入量、现金流出量、现金净流量。三者的关系：

现金净流量 = 现金流入量 - 现金流出量

例如，A 公司是一家文具制造公司，2009 年，公司生产的文具卖出了 100 万元，从供应商处购买了 80 万元的原材料。假定公司其他方面的开支忽略不计，那么企业的 100 万元就是流入量，花掉的 80 万元就是流出量，100 万元的流入量减去 80 万元的流出量等于 20 万元的现金净流量，这 20 万元就是 A 公司 2009 年的经营成果，是企业所增加的现金量。

企业的经济活动分为三类：

（1）经营活动是指直接进行产品生产、商品销售或劳务提供的活动，它们是企业取得净收益的主要交易和事项。

（2）投资活动是指长期资产的购建和不包括现金等价物范围内的投资及其处置活动。

（3）筹资活动是指导致企业资本及债务规模和构成发生变化的活动。

与此相适应，企业的现金流量也分为经营活动产生的现金流量、投资活动产生的现金流量、筹资活动产生的现金流量。

三、现金流量表

现金流量表是指反映企业在一定会计期间（一般为一个月、一季、主要是一年的年报）现金和现金等价物流入和流出的报表。现金流量表是反映一家公司在一定时期现金流入和现金流出动态状况的报表，可用于分析一家机构在短期内有没有足够现金去应付开销。其作用：

（1）有助于评价企业支付能力、偿还能力和周转能力；

（2）有助于预测企业未来现金流量；

（3）有助于分析企业收益质量及影响现金净流量的因素；

（4）对以权责发生制为基础的会计报表进行必要的补充，增强会计信息的可比性。

四、现金流量表的计量基础

前面已经讲到，在会计核算中有两种计量基础，一是权责发生制，一是收付实现制。利润表所采取的计量基础是权责发生制，它的特点是：凡是企业收入都要反映到利润表中，而不管企业是否已经把款收回，凡是属于本期的费用，都应该作为企业的费用，而不管企业是否把钱花出去了。现金流量表的计量基础是收付实现制，它的特点是：特别注重现金，只要钱进入企业，就是现金流入；只要钱出去，就是现金流出，而根本不考虑钱属于哪一时期。

案例分析

（1）因购买时还有两个月到期，故该项短期投资可视为现金等价物。

（2）不一样，日常所说的“现金”是指企业库存现金以及可以随时用于支付的存款。现金流量表中的“现金”包括库存现金、可以随时用于支付的存款及现金等价物。

任务 12 - 2　理解现金流量表的格式与内容

案例导入

某企业 2009 年度现金流量表，如表 4 - 1 所示。

表 4-1　现金流量表　会企 03 表

编制单位：　2009 年　单位：元

项目	行次	金额
一、经营活动产生的现金流量：		
销售商品、提供劳务收到的现金	1	867 506. 40
收到的税费返还	3	231. 80
收到的其他与经营活动有关的现金	8	13 463. 00
现金流入小计	9	881 201. 20
购买商品、接受劳务支付的现金	10	278 842. 40
支付给职工以及为职工支付的现金	12	31 648. 60
支付的各项税费	13	156 600. 20
支付的其他与经营活动有关的现金	18	48 419. 60
现金流出小计	20	515 510. 80
经营活动产生的现金流量净额	21	365 690. 40
二、投资活动产生的现金流量：		
收回投资所收到的现金	22	294 532. 60
取得投资收益所收到的现金	23	76 016. 00
处置固定资产、无形资产和其他长期资产所收回的现金净额	25	546. 20
收到的其他与投资活动有关的现金	28	55. 40
现金流入小计	29	371 150. 20
购建固定资产、无形资产和其他长期资产所支付的现金	30	207 085. 20
投资所支付的现金	31	44 767. 00
取得子公司及其他营业单位支付的现金净额		
支付的其他与投资活动有关的现金	35	379. 00
现金流出小计	36	252 231. 20
投资活动产生的现金流量净额	37	118 919. 00
三、筹资活动产生的现金流量：		
吸收投资所收到的现金	38	
借款所收到的现金	40	453 557. 80
收到的其他与筹资活动有关的现金	43	1 652. 00
现金流入小计	44	455 209. 80
偿还债务所支付的现金	45	741 574. 80
分配股利、利润或偿付利息所支付的现金	46	195 051. 40

（续上表）

项目	行次	金额
支付的其他与筹资活动有关的现金	52	1 026.40
现金流出小计	53	937 652.60
筹资活动产生的现金流量净额	54	-482 442.80
四、汇率变动对现金的影响	55	
五、现金及现金等价物净增加额	56	2 166.60
补充资料	行次	金额
1. 将净利润调节为经营活动现金流量：		
净利润	57	264 914.60
加：计提的资产减值准备	58	-33.40
固定资产折旧	59	147 415.80
无形资产摊销	60	659.20
长期待摊费用摊销	61	846.80
待摊费用减少（减：增加）	64	
预提费用增加（减：减少）	65	
处置固定资产、无形资产和其他长期资产的损失（减：收益）	66	-182.20
固定资产报废损失	67	855.60
财务费用	68	40 490.40
投资损失（减：收益）	69	-122 411.00
递延税款贷项（减：借项）	70	-2 331.20
存货的减少（减：增加）	71	4 871.40
经营性应收项目的减少（减：增加）	72	13 144.40
经营性应付项目的增加（减：减少）	73	16 573.80
其他	74	876.00
经营活动产生的现金流量净额	75	365 690.40
2. 不涉及现金收支的投资和筹资活动：		
债务转为资本	76	
一年内到期的可转换公司债券	77	
融资租入固定资产	78	
3. 现金及现金等价物净增加情况：		
现金的期末余额	79	246 147.60

（续上表）

补充资料	行次	金额
减：现金的期初余额	80	243 981.00
加：现金等价物的期末余额	81	
减：现金等价物的期初余额	82	
现金及现金等价物净增加额	83	2 166.60

问题：根据表4-1中的数据计算经营、投资、筹资活动产生的现金流量净额及现金及现金等价物净增加额，要求列出算式。

基础知识

现金流量表分别按经营活动、投资活动和筹资活动三大类列报现金流量，每一类又进一步分为现金流入、现金流出及现金流量净额。现金流量表的基本格式包括以下两个部分，具体格式如表4-1所示。

一、正表

现金流量表正表是用纯粹的业务语言来描述企业曾经流入和流出的现金量，以及现金流入、流出的结果或增加、减少的现金量。包括6个项目：前三个项目分别是企业的经营活动、投资活动和筹资活动产生的现金流量；第四项是汇率变动对现金及现金等价物的影响额；第五项是现金及现金等价物的净增加额，其金额等于前四个项目的现金流量净额之和；第六项是期末现金及现金等价物余额，其金额等于第五项加上期初现金及现金等价物余额。

二、补充资料

现金流量表补充资料是用会计专业术语来具体描述现金流量和有关指标之间的关系。包括3部分内容：将净利润调节为经营活动现金流量；不涉及现金收支但影响企业财务状况或在未来可能影响企业现金流量的重大投资和筹资活动；现金等价物的净变动情况。现金流量表的补充资料是财务报表附注中必须披露的主要内容。

三、现金流量表主表的勾稽关系

1. 主表内部的勾稽关系

经营活动产生的现金净额 = 经营活动现金流入 - 经营活动现金流出

投资活动产生的现金净额 = 投资活动现金流入 - 投资活动现金流出

筹资活动产生的现金净额 = 筹资活动现金流入 - 筹资活动现金流出

现金及现金等价物净增加额

= 经营、投资、筹资现金净额之和 + 汇率变动对现金的影响

2. 主表与补充资料的勾稽关系

正表中的经营活动产生的现金净额；

正表中的现金及现金等价物净增加额；

正表中的“收到的增值税销项税和退回的增值税”－“支付的增值税款”

＝补充资料中的“增值税增加净额（减：减少）”

3. 现金流量表与利润表的勾稽关系

补充资料中的“净利润”＋“投资损失（减收益）”项目＝利润表中的同名项目

案例分析

经营活动产生的现金净额＝881 201.20－515 510.80＝365 690.40（元）；投资活动产生的现金净额＝371 150.20－252 231.20＝118 919.00（元）；筹资活动产生的现金净额＝455 209.80－937 652.60＝－482 442.80（元）；现金及现金等价物净增加额＝365 690.40＋118 919.00－482 442.80＋0＝2 166.60（元）。

项目十三　现金流量表项目的阅读与分析

任务13－1　掌握经营活动现金流量的阅读与分析

案例导入

某公司前期出口商品一批，已缴纳增值税，按规定应退增值税850元，前期未退，本期以转账方式收讫；本期收到退回的营业税款1 800元，收到的教育费附加返还款3 300元，款项已存入银行。

问题：（1）该企业的税费返还属于哪种活动产生的？（2）本例中现金流动属于流入还是流出，如何计算？

基础知识

经营活动现金流量是指直接与利润表中本期利润（亏损）计算相关的交易及其他事项所产生的现金流入与流出。具体项目见表4－1。

一、经营活动的现金流入量

在现金流量表中，一般按照经营活动现金流入的来源设置不同的项目，来具体反映经营活动现金流入量。

1. 销售商品、提供劳务收到的现金

该项目反映企业销售商品、提供劳务实际收到的现金（含销售收入和应向购买者收取的增值税税额），即无论何时销售，只要本期收现。

企业经营活动的现金流入量，是整个企业全部现金流入量中最主要的组成部分。该项目金额较多是正常现象，反之，则要高度关注。同时，该项目还可与利润表中营业收入的金额相比较，借以分析判断企业当期营业收入的现金回笼情况。

2. 收到的税费返还

该项目反映企业收到返还的各种税费，具体指企业上交后由税务等政府部门返还的增值税、营业税、所得税、消费税、关税和教育费附加返还款等。如果补贴收入金额较大，在评价企业业绩时应注意剔除补贴收入因素的影响，因为它只是国家财政优惠政策的体现，并不代表企业持续的盈利能力。

3. 收到的其他与经营活动有关的现金

该项目反映企业除了上述各项目外收到的其他与经营活动有关的现金流入，如罚款收入、流动资产损失中由个人赔偿的现金收入等。该项目不是企业经营活动流入现金的主要渠道，少则正常，多则暴露出企业在管理中存在问题。

4. 经营活动现金流入小计

该项目反映企业当期经营活动所收取的全部现金金额，在数量上应等于上述三个项目金额的合计数。

二、经营活动的现金流出量

在现金流量表中，一般按照企业经营活动的现金流出去向设置支出项目，来具体反映企业在经营活动的不同方面所实际支付的现金。

1. 购买商品、接受劳务支付的现金

该项目反映企业为购买材料、商品或接受劳务等而实际支付的现金，包括支付的货款以及与货款一并支付的增值税进项税额。本项目是企业经营活动的现金流出量，也是企业总的现金流出量中最主要的组成部分。该项目金额较多是正常现象，但要与企业的生产经营规模相适应。该项目还应与利润表中营业成本及资产负债表中存货项目的金额进行比较，借以全面评价企业付现的质量。

2. 支付给职工以及为职工支付的现金

该项目反映企业实际支付给职工的工资、奖金、各种津贴和补贴，以及为职工支付的其他费用，如企业为职工交纳的养老、失业等社会保险基金。支付的离退休人员的各项费用，包括支付的统筹退休金以及未参加统筹的退休人员的费用，在“支付的其他与经营活动有关的现金”项目中反映；支付的在建工程人员的工资及奖金应在“购建固定资产、无形资产和其他长期资产所支付的现金”项目中反映。

3. 支付的各项税费

该项目反映企业按照规定当期支付给税务部门的各种税费，包括本期发生并支付的税费，以及本期支付以前各期发生的税费和预交的税金，如支付的教育费附加、矿产资源补偿费、印花税、房产税、土地增值税、车船使用税、预交的营业税等。该项目不包括计入固定资产价值、实际支付的耕地占用税等，也不包括本期退回的增值税、所得税。

4. 支付的其他与经营活动有关的现金

该项目反映企业除上述各项目外支付的其他与经营活动有关的现金流出，如罚款支出、差旅费、业务招待费、保险费等。该项支出多属于固定性支出，并不促使营业收入成正比例变化，因此应严格控制，对其支出的效益性应多加关注。

5. 经营活动现金流出小计

该项目反映企业当期在经营活动中实际支付的现金总额，在数量上等于经营活动中各项现金支出之和，是经营活动现金流入的抵减项目。

三、经营活动产生的现金流量净额

经营活动产生的现金流量净额可以从两个方面进行分析：

（1）利用主表资料进行分析。企业当期经营活动现金流入量小计与流出量小计之差即经营活动现金净流量。

（2）利用补充资料将净利润调节为经营活动的现金流量。

四、经营活动产生的现金流量质量分析

现金流量质量是指企业的现金流量能够按照企业的预期目标进行运转的质量。经营活动产生的现金流量一方面应体现企业发展的战略要求，另一方面应与企业经营活动产生的利润存在一定的对应关系，能为企业的扩张提供现金流量的支持。

经营活动产生的现金流量可以从以下几方面进行分析：

（一）经营活动产生的现金净流量小于零

这种情况是企业通过正常的购销活动带来的现金流入量，不足以应付因上述经营活动而引起的现金流出。在企业成长阶段，由于生产阶段的各个环节尚不完善，同时，为了开拓市场，需要投入大量资金将自己的产品推向市场，从而有可能使企业在这一时期的经营活动现金净流量小于零。这是企业在发展过程中不可避免的正常现象。但是，如果企业在正常生产经营期间仍然出现这种状况，则说明企业经营活动产生的现金流量质量不高。因为在这种情况下，企业必须采用一定手段向外筹措资金，来补充资金周转方面现金的不足，而这时企业的筹资能力是有限的。

（二）经营活动产生的现金净流量等于零

这种情况是指企业通过正常的购销活动带来的现金流入量，刚好能补充经营活动引起的现金流出量，使二者处于平衡状态。由于企业的成本分为付现成本和不付现成本，当经营活动产生的现金净流量等于零时，企业经营活动产生的现金流量就不可能为不付现（如固定资产折旧、无形资产摊销等非现金消耗）成本提供货币补偿。在这种情况下，企业只能支付日常开支，经营风险一旦加大或者当资产消耗到一定程度时，企业就会面临严重的财务问题。所以，企业如果在正常生产经营期间持续出现这种状况，则说明企业经营活动的现金流量质量较差。

（三）经营活动产生的现金净流量大于零

经营活动产生的现金净流量大于零的情况具体又分为三种状态：

1. 经营活动产生的现金净流量大于零但不足以弥补不付现成本

在这种情况下，企业面临的压力小于前两种状态，但是这种状态如果持续下去，从长远分析，企业经营活动产生的现金净流量仍然不可能维持经营活动的货币的简单再生产。

2. 经营活动产生的现金净流量大于零并刚好能弥补当期的不付现成本

在这种情况下，企业在经营活动方面的现金流量的压力得到缓解，但企业经营活动产生的

现金流量不能为企业发展提供资金来源。

3. 经营活动产生的现金净流量大于零并在补偿不付现成本后仍有剩余

这种状态是企业经营活动现金流量运行的良好状态。这种状态说明企业购销活动带来的现金流量不仅能弥补经营活动中的全部成本，而且还能为企业的投资活动提供现金流量的支持。如果持续这种状态，将对企业经营活动的发展、投资规模的扩大起到积极的推动作用。

案例分析

（1）企业的税费返还属于经营活动产生的。

（2）现金流动属于现金流入。本期收到的税费返还 = 850 + 1 800 + 3 300 = 5 950（元）。

任务 13 - 2　掌握投资活动现金流量的阅读与分析

案例导入

A 公司某项权益性投资本金为 50 000 元，企业出售该投资，收回的全部投资金额为 48 000 元；某项债权性投资本金 35 000 元，企业出售该投资，收回的全部投资金额为 41 000 元，其中，6 000 元是债券利息。

问题：（1）该企业的现金流量为哪种活动产生的，属于流入还是流出？（2）具体的现金流量如何计算？

基础知识

投资活动现金流量是指购置与处置非流动资产之交易所产生的现金流入与流出。具体项目见表 4 - 1。

一、投资活动的现金流入量

1. 收回投资收到的现金

该项目反映企业出售、转让或到期收回除现金等价物以外的短期投资、长期股权投资而收到的现金，以及收回长期债权投资本金而收到的现金，不包括长期债权投资收回的利息以及收回的非现金资产。

2. 取得投资收益收到的现金

该项目反映企业因股权性投资和债权性投资而取得的现金股利、利息，以及从子公司、联营企业或合营企业分回利润而收到的现金。股票股利不在本项目中反映。

3. 处置固定资产、无形资产和其他长期资产收回的现金净额

该项目反映企业处置固定资产、无形资产和其他长期资产所取得的现金，减去为处置这些资产而支付有关费用后的净额。固定资产报废、毁损的变卖收益，以及由于自然灾害所造成的固定资产等长期资产损失而收到的保险赔偿收入，也在本项目中反映。

4. 处置子公司及其他营业单位收到的现金净额

该项目反映企业处置子公司及其他营业单位所取得的现金，减去在处置过程中发生的各项费用支出后的净额。

5. 收到的其他与投资活动有关的现金

该项目反映除了上述各项目外，收到的其他与投资活动有关的现金流量。

6. 投资活动现金流入小计

该项目反映企业当期投资活动所收到的全部现金。在数量上等于上述五项之和。

二、投资活动的现金流出量

1. 购建固定资产、无形资产和其他长期资产支付的现金

该项目反映企业购建固定资产、无形资产和其他长期资产所支付的现金，不包括为购建固定资产而发生的借款利息资本化的部分，以及融资租入固定资产支付的租赁费，后者应在"筹资活动产生的现金流量——支付的其他与筹资活动有关的现金"项目中反映。

2. 投资支付的现金

该项目反映企业进行权益性投资和债权性投资所支付的现金，包括企业取得的除现金等价物以外的短期股票投资、短期债券投资、长期股权投资、长期债权投资支付的现金，以及支付的佣金、手续费等附加费用。

3. 取得子公司及其他营业单位支付的现金净额

该项目反映企业在购买子公司或其他营业单位中用现金支付的部分减去子公司或其他营业单位持有的现金及现金等价物后的净额。

4. 支付的其他与投资活动有关的现金

该项目反映除了上述各项目外支付的其他与投资活动有关的现金流出。

5. 投资活动现金流出小计

该项目反映企业当期投资活动所支付的全部现金。在数量上等于上述四项之和。

三、投资活动产生的现金流量净额

将上述投资活动现金流入量小计减去现金流出量小计后的差额，即为投资活动产生的现金流量净额。

四、投资活动产生的现金流量质量分析

1. 投资活动产生的现金净流量小于零

这种情况是指企业在购建固定资产、无形资产和其他长期资产，进行权益性投资和债权性投资等方面所支付的现金之和，大于企业因收回投资，分得股利或利润，取得债券利息收入，处置固定资产、无形资产和其他长期资产而收到的现金之和。对于这种情况，应分析企业投资是否与企业发展阶段、企业长期规划及短期计划相吻合，以判断现金流量的质量。

2. 投资活动产生的现金净流量大于或等于零

这种情况是指企业在投资活动方面的现金流入量大于或等于现金流出量。这种情况的发生，或者是由于企业投资活动回收的规模大于投资支出的规模，这是比较好的现象；或者是由于企业在经营活动与筹资活动方面急需资金而不得不处理手中的长期资产，这种情况必须予以关注。

案例分析

(1) 该企业的现金流量为投资活动产生的现金流入。

(2) 收回投资所收到的现金 = 收回权益性投资金额 + 收回债权性投资本金 = 48 000 + 41 000 = 89 000 (元)。

任务 13-3 掌握筹资活动现金流量的阅读与分析

案例导入

某公司产品销路好,企业管理层决定迅速扩大生产,但由于一些应收账款还没有收回,公司目前资金并不充裕,建议公司发行股票筹集资金,扩大生产。于是企业在股票市场发行股票 5 000 万元,扣除发行股票支付的手续费、宣传费、咨询费、印刷费等费用 100 万元,企业吸收投资收到的现金是 4 900 万元。

问题:该企业的现金流量为哪种活动产生的?属于流入还是流出?

基础知识

筹资活动现金流量是指与投资者、债权人有关的筹资性交易而产生的现金流入与流出。具体项目见表 4-1。

一、筹资活动的现金流入量

1. 吸收投资收到的现金

该项目反映企业以发行股票、债券等方式筹集资金实际收到的款项净额(发行收入减去支付的佣金等发行费用后的净额)。企业发行股票、债券等由企业直接支付的审计费、咨询费、宣传费、印花税等费用,在"支付的其他与筹资活动有关的现金"项目中反映。

2. 取得借款收到的现金

该项目反映企业在本期内向银行等金融机构举借各种短期、长期借款而收到的现金。

3. 收到的其他与筹资活动有关的现金

该项目反映除上述各项目外收到的其他与筹集资金活动有关的现金,如接受捐赠等。

4. 筹资活动现金流入小计

该项目反映企业当期通过各种筹资活动实际收到的现金总额,如借款、发行股票、发行债券、融资租赁等。该项目在数量上等于上述三项之和。

二、筹资活动的现金流出量

1. 偿还债务支付的现金

本项目反映企业以现金偿还债务的本金,包括偿还银行或其他金融机构的借款本金、偿还债券本金等。企业偿还的借款利息、债券利息不包括在本项目内,在"分配股利、利润或偿付利息支付的现金"项目中反映。

2. 分配股利、利润或偿付利息支付的现金

该项目反映企业本期实际支付的现金股利、支付给其他投资单位的利润或用现金支付的利

息，属于筹资成本的支出。

3. 支付的其他与筹资活动有关的现金

该项目反映除上述各项目外支付的其他与筹资活动有关的现金流出，如捐赠支出、融资租入固定资产支付的租赁费等。

4. 筹资活动现金流出小计

该项目反映企业当期筹资活动所支付的全部现金流出量。该项目在数量上等于上述三项之和。

三、筹资活动产生的现金流量净额

将上述筹资活动的现金流入量小计减去现金流出量小计，即为筹资活动现金流量净额。

四、筹资活动产生的现金流量质量分析

1. 筹资活动产生的现金净流量大于或等于零

这种情况是指筹资活动的现金流入量大于或等于筹资活动的现金流出量。在企业处于起步阶段，扩大投资需要大量资金，以及企业经营活动的现金净流量小于零的条件下，企业的现金流量主要靠筹资活动解决。因此，分析企业筹资活动产生的现金净流量大于或等于零是否正常，关键要看企业的筹资活动是否已经纳入企业的发展规划，是企业管理当局以扩大投资为目标形成的，还是由于企业因投资活动和经营活动的现金流出失控而形成的。

2. 筹资活动产生的现金净流量小于零

这种情况是指筹资活动的现金流入量小于现金流出量。这种情况的出现，或者是因为企业在本会计期间集中发生偿还债务、支付筹资费用、分配股利或利润、偿还利息、融资租赁等业务，或者是因为企业经营活动与投资活动在现金流量方面运转较好，有能力完成上述支付。但是，企业筹资活动产生的现金净流量小于零，也可能是企业在投资和企业扩张方面没有更好的作为的一种表现。

案例分析

该企业的现金流量为筹资活动产生的现金流入。

任务 13－4　掌握汇率变动对现金流量影响的阅读与分析

案例导入

某公司出口一批电子产品，收款 100 万美元，如果收到美元的时候，当时市场的汇率是 1∶8，按人民币计算，就是 800 万元。假定没有流出量，此时 A 公司经营活动所产生的现金净额就是 800 万元。如果没有投资活动和筹资活动，那么从过程来考察，就可以说 A 公司增加现金 800 万元人民币。可是按照会计制度的规定，在年末企业会计应该把外币按照 12 月 31 日的汇率重新折算。折算时假定也没有利息，这 100 万美元 12 月 31 日的汇率是 1∶8.6，此时就相当于人民币 860 万元。

问题：该公司经营活动产生的汇率变动是多少？

基础知识

本项目反映企业将外币现金流量及境外子公司的现金流量折算为人民币时，所采用的现金流量发生日的汇率或平均汇率折算的人民币金额，与“现金及现金等价物净增加额”中外币现金净增加额按期末汇率折算的人民币金额之间的差额。汇率变动对现金的影响，应作为调节项目，在现金流量表中单独列示。调增数增大现金净流量，调减数抵减现金净流量。见表4－1。

案例分析

如果年初的现金是零，年末就变成860万元人民币。但是从过程来考察，经营活动增加的现金是800万元，而不是860万元。60万元的差额因为汇率从1∶8变到了1∶8.6，所以产生了一个差额，这个差额反映在报表中就是汇率变动影响。

任务13－5　掌握现金及现金等价物净增加额的阅读与分析

案例导入

有的报表阅读者认为，公司增加的现金应该是越多越好，所以，反映在公司的现金流量表上的“现金及现金等价物净增加额”项目自然也是越大越好。

问题：“现金及现金等价物净增加额”越大越好吗？

基础知识

现金及现金等价物净增加额是指企业现金及现金等价物的流入量与流出量之间的差额。见表4－1。主要是反映了现金流量表中数据的勾稽关系，即：现金及现金等价物净增加额等于现金流入小计与现金流出小计之差，也等于经营、投资、筹资活动产生的现金流量净额及汇率变动对现金及现金等价物的影响额之和，还等于现金及现金等价物期末余额与期初余额之差。

案例分析

其实这是报表阅读者的一种误解。从理论上说，该项目应该以不发生大的变化为好，甚至以趋向于零为最佳。公司无论是通过经营活动所产生的现金流量，或是投资活动所产生的现金流量，或是筹资活动所产生的现金流量，各项目的现金流量应该有一个必要的去向，应该是三大项目中相互补充。在财务管理中有一个定律，即资产的流动性与收益性成反比。由于现金资产的流动性最强，其收益性也当然比不上其他资产。所以，对公司来说，应该确定一个合理的现金持有量，否则，现金太多则是一种资产的浪费（太少，则可能会影响到公司的正常生产经营）。

项目十四　现金流量表的综合分析

分析过程

编制现金流量分析表；

观察现金流量净额，全面地了解企业所处的经营状况和财务风险；

对现金流量的增减变动及结构进行分析；

运用相关比率进一步分析企业现金流量的质量。

任务 14－1 掌握相关财务比率

案例导入

已知 A 公司经营活动现金流量净额为 365 690.40 万元；本期到期的债务是 87 525.00 万元；期末流动负债是 375 833.20 万元；本期到期的债务总额是 1 046 508.60 万元；本年度的销售收入是 742 029.40 万元；流通在外的普通股股数为 36 569 万股；年末全部资产总额为 3 060 240.60万元；净利润额为 264 914.60 万元。

问题：假定同行业平均现金到期债务比为 2.1，平均现金流动负债比为 0.85，银行贷款利率是 10%，销售现金比为 0.4，如何利用财务比率分析 A 公司的现金偿还能力和获取现金能力？

基础知识

现金流量表的财务比率分析主要考察和评价企业的现金偿还能力和获取现金能力。

一、现金偿债能力分析

运用现金流量表中的信息分析企业的偿债能力，通常采用以下几个指标：

1. 现金到期债务比

现金到期债务比是企业营业现金流量净额与本期到期的长期负债和应付票据总额的比率。它反映了企业可用现金流量偿付到期债务的能力。计算公式如下：

现金到期债务比 = 经营活动现金流量净额 ÷ 本期到期债务额

本期到期的债务 = 本期到期长期负债 + 本期应付票据

通常作为企业到期的长期负债和本期应付票据是不能延期的，到期必须如数偿还。该比率越高，企业资金流动性越好，企业到期偿还债务的能力就越强。分析时还可与同行业的平均值进行比较。

2. 现金流动负债比

现金流动负债比是企业在一定时期内的经营现金净流量同流动负债的比率，可以从现金流动的角度来反映企业当期偿付短期负债的能力。其公式如下：

现金流动负债比 = 经营活动现金流量净额 ÷ 流动负债期末合计

公式中“流动负债期末合计”可根据本期期末资产负债表的期末数确定。该指标越大，表明企业经营活动产生的现金净流量越多，越能保障企业按期偿还到期债务，但也并不是越大越好，该指标过大则表明企业流动资金利用不充分，盈利能力不强。分析时还可与同行业的平均值进行比较。

3. 现金债务总额比

现金债务总额比是经营活动现金净流量总额与债务总额的比率。该指标旨在衡量企业承担债务的能力，是评估企业中长期偿债能力的重要指标，其公式如下：

现金债务总额比 = 经营活动产生的现金流量 ÷ 债务总额

债务总额 = 流动负债 + 长期负债

这个比率越大，说明企业承担债务的能力越强，这个比率同时也体现企业的最大付息能力。分析时应与银行贷款利率比较，如果该比率高于银行贷款利率，就能按时付息，借新债还旧债，维持债务规模。如果该比率低于银行贷款利率，情况就不妙了。

但要注意的一点，无论是现金到期债务比率还是现金负债总额比率，都有一个前提条件，即经营活动产生的现金净流量需大于0，如果小于等于0，就谈不上用经营活动产生的现金净流量还债的问题，自然这两个比率也失去了意义。

二、获取现金能力分析

企业获取现金的能力可以通过经营现金净流量和投入资源的比值来反映。投入资源可以是销售收入（或营业收入）、总资产、净资产或普通股股数等。

1. 销售现金比

销售现金比是指企业经营活动现金流量净额与企业销售收入的比值。该比率反映每元销售收入得到的现金流量净额，其公式如下：

销售现金比 = 经营活动现金流量净额 ÷ 销售收入

其数值越大，表明企业的收入质量越好，资金利用效果越好。将其与同行业的平均水平相比，可以评价公司获取现金能力的强弱；与历史水平相比，可以评价企业获取现金能力的变化趋势。

2. 每股营业现金净流量

每股营业现金净流量是指经营现金净流量与流通在外的普通股股数的比率。该比率可以反映出每股流通在外普通股的现金流量是多少。其公式如下：

每股营业现金净流量 = 经营现金净流量 ÷ 流通在外的普通股股数

这个比率越大，说明企业进行资本支出和支付股利的能力越强。而且该指标还反映企业最大的分派股利能力，超过此限度，就要借款分红。

3. 全部资产现金回收率

全部资产现金回收率是指经营现金净流量与全部资产的比率。该比率反映企业运用全部资产获取现金的能力。其公式如下：

全部资产现金回收率 = 经营现金净流量 ÷ 全部资产总额

该指标与同行业水平相比，可以评价每元资产获取现金的能力在同行业竞争中所处的位置；与本企业历史水平相比，可以看出企业获取现金能力的变化趋势。

4. 现金获利能力

现金获利能力，即经营活动现金净流量对净利润的现金保证倍数，这一比率反映经营活动的现金净流量与当期净利润的差异程度，即当期实现的一元净利润中有多少现金作保证。其计算公式为：

现金获利能力 = 经营现金净流量 ÷ 净利润

分析时如果发现有的企业利润很高，而经营活动的现金流量不充足，甚至出现负数，应格外谨慎地判断企业的经营成果。

从以上几个比率的介绍来看，你会发现在分析现金流量表时有必要结合资产负债表、利润表的相关数据进行分析。在介绍完现金流量表的分析方法后，你会悟出单纯地分析资产负债表、利润表或现金流量表都是片面的。公司的经营运作是一个有机的整体，哪一个环节出了问题都会影响到整体的资金流动和生产经营情况，正所谓“牵一发而动全身”。很多投资者在进行报表分析时最喜欢计算流动比率、速动比率、每股净收益、市盈率，这种分析只是一种很表层的分析。实际上，财务报告各项目之间都有一定的逻辑关系，这些关系和趋势有时必须做比较分析、结构分析，否则，隐藏的问题就不能突显。

此外，投资者在进行财务报告分析时，还可以将公司不同年度会计报表进行比较分析，也可以选择同一年度不同公司的会计报表进行对比分析。分析的方法并没有多大变化，仍按前面讲述的方法计算结构百分比及各项比率。这里要注意一点，要注意财务指标的可比性。

案例分析

（1）该公司现金到期债务比 = 365 690.40 ÷ 87 525.00 = 4.18，由于同行业平均现金到期债务比为 2.1，说明公司偿还到期债务的能力是较强的。

（2）现金流动负债比 = 365 690.40 ÷ 375 833.20 = 0.97，由于该行业平均现金流动负债比为 0.85，说明公司偿还流动负债的能力是较强的。

（3）现金债务总额比 = 365 690.40 ÷ 1 046 508.60 = 0.35。即利息高达 35% 时企业仍能按时付息。只要能按时付息，就能借新债还旧债，维持债务规模。由于银行贷款利率为 10%，说明该公司的举债能力是不错的。

（4）销售现金比 = 365 690.40 ÷ 742 029.40 = 0.49，该公司每元销售收入可以提供 0.49 元的现金净流入，由于同行业平均销售现金比为 0.4，说明该公司获取现金能力是比较强的。

（5）每股营业现金净流量 = 365 690.40 ÷ 36 569 = 10（元/股），该公司每股流通在外普通股的现金流量是 10。

（6）全部资产现金回收率 = 365 690.40 ÷ 3 060 240.60 = 0.12，该公司每元投资可以产生 0.12 元现金。

（7）现金获利能力 = 365 690.40 ÷ 264 914.60 = 1.38，该公司当期实现的 1 元净利润中有 1.38 元现金作保证，说明该公司的现金获利能力较强。

任务 14－2　掌握现金流量表的综合分析

案例导入

表 4－2 为 A 公司 2009 年现金流量表。

表 4－2　现金流量分析表

编制单位：A 公司　　　　　　2009 年

项目	金额（元）	结构（%）
一、经营活动产生的现金流量：		
销售商品、提供劳务收到的现金	867 506.40	98.45
收到的税费返还	231.80	0.02

（续上表）

项目	金额（元）	结构（%）
收到的其他与经营活动有关的现金	13 463.00	1.53
现金流入小计	881 201.20	51.61
购买商品、接受劳务支付的现金	278 842.40	54.09
支付给职工以及为职工支付的现金	31 648.60	6.14
支付的各项税费	156 600.20	30.38
支付的其他与经营活动有关的现金	48 419.60	9.39
现金流出小计	515 510.80	30.23
经营活动产生的现金流量净额	365 690.40	16 833.00
二、投资活动产生的现金流量：		
收回投资所收到的现金	294 532.60	79.36
取得投资收益所收到的现金	76 016.00	20.48
处置固定资产、无形资产和其他长期资产所收回的现金净额	546.20	0.15
收到的其他与投资活动有关的现金	55.40	0.01
现金流入小计	371 150.20	21.73
购建固定资产、无形资产和其他长期资产所支付的现金	207 085.20	82.10
投资所支付的现金	44 767.00	17.75
支付的其他与投资活动有关的现金	379.00	0.15
现金流出小计	252 231.20	14.79
投资活动产生的现金流量净额	118 919.00	5 490.00
三、筹资活动产生的现金流量：		
吸收投资所收到的现金		
借款所收到的现金	453 557.80	99.64
收到的其他与筹资活动有关的现金	1 652.00	0.36
现金流入小计	455 209.80	26.66
偿还债务所支付的现金	741 574.80	79.10
分配股利、利润或偿付利息所支付的现金	195 051.40	20.80
支付的其他与筹资活动有关的现金	1 026.40	0.10
现金流出小计	937 652.60	54.98
筹资活动产生的现金流量净额	-482 442.80	-22 273.00
四、汇率变动对现金的影响		
五、现金及现金等价物净增加额	2 166.60	100.00

问题：对 A 公司的现金流量表进行综合分析。

基础知识

现金流量表分析的要点：关注经营活动净额是正是负，正值说明企业具有造血功能，负值说明是耗血功能（企业在扩张当中有可能是负数）；关注投资的目的、方向和规模，检查投资活动是否符合公司发展战略，评估投资风险，关注何种筹资方式，筹资风险的大小，筹资量与规模是否一致。注意现金剩余过多是缺乏效率的一种表现，企业的现金不是越多越好。

一、编制现金流量分析表

计算说明：以表 4－2 为例。

销售商品、提供劳务收到的现金结构百分比＝销售商品、提供劳务收到的现金÷经营活动产生的现金流入×100%＝867 506.40÷881 201.20×100%＝98.45%

经营活动产生的现金流入结构百分比＝经营活动产生的现金流入÷（经营＋投资＋筹资）活动产生的现金流入×100%＝881 201.20÷（881 201.20＋371 150.20＋455 209.80）×100%＝51.61%

其他以此类推。

二、现金流量总额观察

企业经营活动、投资活动和筹资活动产生的现金流量净额，都有可能出现正数或负数的情况，三者的组合有八种情形：

1. 现金流量方向：经营活动为正、投资活动为正、筹资活动为正

一般分析结果：企业筹资能力强，经营与投资收益良好，财务风险很小。此时应警惕资金的浪费，把握良好的投资机会。

2. 现金流量方向：经营活动为正、投资活动为正、筹资活动为负

一般分析结果：企业进入成熟期。在这个阶段，产品销售市场稳定，已进入投资回收期，经营及投资收入良性循环，财务状况稳定安全，处于债务偿还期，财务风险小。

3. 现金流量方向：经营活动为正、投资活动为负、筹资活动为正

一般分析结果：企业处于调整发展的扩张时期。产品的市场占有率高，销售呈现快速上升趋势，造就经营活动中大量货币资金的回笼。为了扩大市场份额，企业仍需要大量追加投资，仅靠经营活动现金流量净额远不能满足所追加的投资，必须筹集必要的外部资金作为补充，控制财务风险。

4. 现金流量方向：经营活动为正、投资活动为负、筹资活动为负

一般分析结果：企业经营状况良好，可在偿还前欠债务的同时继续投资，财务风险小，但应密切关注经营状况的变化，防止由于经营状况恶化而导致财务状况恶化。

5. 现金流量方向：经营活动为负、投资活动为正、筹资活动为正

一般分析结果：企业借债维持经营活动所需资金，财务状况可能恶化，财务风险大，投资活动现金流入增加是一亮点，但要分析是来源于投资收益还是投资收回。如果是后者，企业所面临的形势将更加严峻。

6. 现金流量方向：经营活动为负、投资活动为正、筹资活动为负

一般分析结果：企业处于衰退时期。市场萎缩，产品的市场占有率下降，经营活动现金流入小于流出，同时企业为了偿付债务不得不大规模收回投资以弥补现金的不足。如果投资活动现金流量来源于投资收益还好，如果来源于投资的回收，则企业将会出现更深层次的危机，财务风险极大。

7. 现金流量方向：经营活动为负、投资活动为负、筹资活动为正

一般分析结果，有两种情况：一是企业处于初创期阶段，需要投入大量资金，形成生产能力，开拓市场，其资金来源只有举债、融资等筹资活动；一是企业处于衰退阶段，靠借债维持日常生产经营活动，如果渡不过难关，再继续发展将非常危险，财务风险较大。

8. 现金流量方向：经营活动为负、投资活动为负、筹资活动为负

一般分析结果：这种情况往往发生在盲目扩张后的企业，由于市场预测失误等原因，造成经营活动现金流出大于流入，投资效益低下造成亏损，使投入扩张的大量资金难以收回，到期债务不能偿还，财务风险极大。

不同的组合反映出不同的现金流量质量。从这三方面的正负构成情形进行分析，可以较全面地了解企业所处的经营状况和财务风险，进而对企业现金流量的质量做出客观、准确的评价。

例如，从表4-2中可以看出，当经营活动现金流量净额为正数时，一般表明企业处于良性的生产经营状况，有能力继续发展，特别是当经营活动现金净流量是正数，投资活动现金净流量是负数，筹资活动现金净流量正、负数相间时，通常表明企业正处于健康发展的成长阶段。反之，当经营活动现金流量净额为负数时，无论其投资活动、筹资活动的现金流量状况如何，企业都处于财务风险大的危险境地。

三、现金流量结构分析

现金流量的结构分析是指将现金流量表中某一项目的数字作为基数（即100%），再计算出该项目各个组成部分占总体的百分比，以分析各项目的具体构成，使各个组成部分的相对重要性明显地表现出来，从而揭示现金流量表中各个项目的相对地位和总体结构关系，用以分析现金流量的增减变动情况和发展趋势。

1. 现金流入结构分析

现金流入的结构分析分为总流入结构分析和三项（经营活动、投资活动、筹资活动）活动流入的内部结构分析。它能反映企业各项业务活动的现金流入在全部现金流入中的比重及各项业务活动中现金具体项目的构成情况，明确企业的现金究竟来自何方，要增加现金流入主要依靠什么等信息。

2. 现金流出结构分析

现金流出的结构分析分为总流出的结构分析和三项活动流出的内部结构分析。它能反映企业各项业务活动发生的现金流出在总流出中的比重，以及各项支出的构成情况，具体地反映企业的现金用在哪些方面，进而懂得要节约开支应从哪些方面入手。

3. 现金净流量结构分析

现金净流量结构是指经营活动、投资活动、筹资活动产生的现金净流量以及汇率变动对现

金及现金等价物影响的现金收支净额占全部现金净流量的比重，它能反映企业现金净流量的形成渠道与分布状态，进而揭示出导致目前现金流量状况的有关原因，为进一步分析现金净流量的增减变动因素指明方向。

四、运用相关比率进一步分析企业现金流量的质量

本项目任务 14－1 已作说明，这里不再重复。

案例分析

第一步，编制现金流量分析表。

第二步，现金流量总额观察。

表 4－3　现金流量表　　单位：元

项目	金额
经营活动产生的现金流量净额	365 690.40
投资活动产生的现金流量净额	118 919.00
筹资活动产生的现金流量净额	－482 442.80

分析结果：该公司经营活动产生的现金流量数量充裕，投资活动活跃，足以表明企业商品销售市场稳定，投资回收顺畅，企业进入了成熟期，经营及投资收入均处于良性循环状态，为偿还债务提供了可靠的资金保障。尽管筹资活动现金净流量出现了负数，但最终的现金净流量仍为正数，财务状况稳定安全，财务风险较小，收益质量较为理想。

第三步，现金流量结构分析。

(1) 现金流入结构分析。

表 4－4　现金流入结构分析表

项目	金额（元）	结构（%）
一、经营活动产生的现金流量：		
销售商品、提供劳务收到的现金	867 506.40	98.45
收到的税费返还	231.80	0.02
收到的其他与经营活动有关的现金	13 463.00	1.53
现金流入小计	881 201.20	51.61
二、投资活动产生的现金流量：		
收回投资所收到的现金	294 532.60	79.36
取得投资收益所收到的现金	76 016.00	20.48

（续上表）

项目	金额（元）	结构（%）
处置固定资产、无形资产和其他长期资产所收回的现金净额	546.20	0.15
收到的其他与投资活动有关的现金	55.40	0.01
现金流入小计	371 150.20	21.73
三、筹资活动产生的现金流量：		
吸收投资所收到的现金		
借款所收到的现金	453 557.80	99.64
收到的其他与筹资活动有关的现金	1 652.00	0.36
现金流入小计	455 209.80	26.66
现金流入总计	1 707 561.20	100.00

分析结果：在企业当年流入的现金中，经营活动流入的现金占51.61%，投资活动流入的现金占21.73%，筹资活动流入的现金占26.66%。即企业当年流入的现金主要来源于经营活动，也有一部分来自企业的筹资活动和投资活动。在经营活动流入的现金中，来自销售商品的现金流入占98.45%。该企业要增加现金收入，主要还是要依靠经营活动，特别是来自销售的现金收入，其次是筹资活动中的借款。收入结构较为合理。

（2）现金流出结构分析。

表4－5　现金流出结构分析表

项目	金额（元）	结构（%）
一、经营活动产生的现金流量：		
购买商品、接受劳务支付的现金	278 842.40	54.09
支付给职工以及为职工支付的现金	31 648.60	6.14
支付的各项税费	156 600.20	30.38
支付的其他与经营活动有关的现金	48 419.60	9.39
现金流出小计	515 510.80	30.23
二、投资活动产生的现金流量：		
购建固定资产、无形资产和其他长期资产所支付的现金	207 085.20	82.10
投资所支付的现金	44 767.00	17.75
支付的其他与投资活动有关的现金	379.00	0.15
现金流出小计	252 231.20	14.79

（续上表）

项目	金额（元）	结构（%）
三、筹资活动产生的现金流量：		
偿还债务所支付的现金	741 574.80	79.10
分配股利、利润或偿付利息所支付的现金	195 051.40	20.80
支付的其他与筹资活动有关的现金	1 026.40	0.10
现金流出小计	937 652.60	54.98
现金流出总计	1 705 394.60	100.00

分析结果：在企业当年流出的现金中，经营活动流出的现金占30.23%，投资活动流出的现金占14.79%，而筹资活动流出的现金占到了54.98%。在经营活动流出的现金中，购买商品等占54.09%，支付职工薪酬等占6.14%；在筹资活动流出的现金中，偿还借款占79.10%，是引起大量现金流出的主要原因。

（3）现金净流量结构分析。

表4－6　现金净流量结构分析表

项目	金额（元）	结构（%）
经营活动产生的现金流量净额	365 690.40	16 833.00
投资活动产生的现金流量净额	118 919.00	5 490.00
筹资活动产生的现金流量净额	－482 442.80	－22 273.00
汇率变动对现金的影响		
现金净流量合计	2 166.60	100.00

分析结果：公司的现金净流量为正数，说明总体情况是现金流入大于流出（收大于支），财务状况较为平稳。从现金净流量的内部结构看，没有发生汇率变动对现金净流量的影响，经营活动和投资活动产生的现金净流量均为正数，说明公司的经营活动和投资活动正处于良性循环的状态中，特别是经营活动现金净流量占有较高的份额，为企业筹资活动的现金流出（偿还到期债务）提供了较为充裕的资金来源。因而，尽管本期偿还到期债务流出了相当大的比例的现金，但整体财务形势仍然较为平稳、安全。

（4）运用相关比率进一步分析企业现金流量的质量（见任务14－1）。

单元小结

本单元介绍了现金流量表的格式、内容及各要素之间的关系，并讲解了现金流量表主要项目的阅读与分析，还采用案例分析的方法，介绍了现金流量分析表的编制及综合分析方法在实践中的应用，其内容包含了经营活动、投资活动和筹资活动产生的现金流量净额的8种组合的分析、现金流入、流出、净值的结构分析及相关财务指标分析。

综合练习

（一）单选题

1. 企业收益的主要来源是（　　）。

A. 经营活动　　B. 投资活动

C. 筹资活动　　D. 投资收益

2. 确定现金流量的计价基础是（　　）。

A. 权责发生制　　B. 应收应付制

C. 收付实现制　　D. 收入费用配比制

3.（　　）是指企业持有的期限短、流动性强、易于转换为已知金额现金、价值变动风险很小的投资。

A. 现金　　B. 现金等价物

C. 短期投资　　D. 应收票据

4. 现金流量表的核心是（　　）。

A. 经营活动　　B. 投资活动

C. 筹资活动　　D. 现金流量

5.（　　）产生的现金流量最能反映企业获取现金的能力。

A. 投资活动　　B. 经营活动

C. 筹资活动　　D. 以上各项均是

6.（　　）不属于企业的投资活动。

A. 处理设备　　B. 长期股权卖出

C. 长期债权的购入　　D. 预期3个月内短期证券的买卖

7. 在企业处于高速成长阶段，投资活动现金流量往往是（　　）。

A. 流入量大于流出量　　B. 流出量大于流入量

C. 流入量等于流出量　　D. 不一定

8. 根据《企业会计准则——现金流量表》的规定，支付的现金股利归属于（　　）。

A. 经营活动　　B. 筹资活动

C. 投资活动　　D. 销售活动

9. 企业采用间接法确定经营活动现金流量时，应该在净利润的基础上（　　）。

A. 加上投资收益　　B. 减去预提费用的增加

C. 减去固定资产折旧　　D. 加上投资损失

10. 下列财务活动中不属于企业筹资活动的是（　　）。

A. 发行债券　　B. 分配股利

C. 吸收权益性投资　　D. 购建固定资产

（二）多选题

1. 一项投资被确认为现金等价物必须同时具备四个条件，即（　　）。

A. 以现金形态存在　　B. 价值变动风险小

C. 易于转换为已知金额现金　　D. 期限短
E. 流动性强

2. 现金等价物是指企业持有的（　　）的投资。
A. 期限短　　B. 流动性强
C. 易转换为现金　　D. 价值变动风险小
E. 以股票形式存在

3. （　　）属于收回投资所收到的现金。
A. 收回固定资产　　B. 收回长期债权投资的利息
C. 收回除现金等价物以外的短期投资　　D. 收回长期债权投资本金
E. 收回非现金资产

4. 下列经济事项中，不能产生现金流量的有（　　）。
A. 出售固定资产　　B. 企业从银行提取现金
C. 投资人投入现金　　D. 将库存现金送存银行
E. 企业用现金购买将于 3 个月内到期的国库券

5. 现金流量可以用来评价企业（　　）。
A. 支付利息　　B. 利润分配
C. 偿付债务　　D. 生产经营
E. 支付股利

6. 现金流量的结构分析包括的内容是（　　）。
A. 现金流入的结构分析　　B. 现金流出的结构分析
C. 现金净流量的结构分析　　D. 汇率变动的结构分析
E. 总流量的结构分析

7. 现金流量分析使用的主要方法是（　　）。
A. 财务比率分析　　B. 同业趋势分析
C. 结构分析　　D. 趋势分析
E. 以上各项都是

8. 属于筹资活动现金流量的项目有（　　）。
A. 短期借款增加　　B. 资本净增加
C. 增加长期投资　　D. 偿还长期债券
E. 取得债券利息收入收到的现金

9. 下列活动中，属于经营活动产生的现金流量有（　　）。
A. 销售商品收到的现金　　B. 分配股利支出的现金
C. 提供劳务收到的现金　　D. 出售设备收到的现金
E. 交纳税款支出的银行存款

10. 属于筹资活动现金流量的项目有（　　）。
A. 短期借款的增加　　B. 支付给职工的现金
C. 或有收益　　D. 分配股利所支付的现金
E. 取得债券利息收入

（三）判断题

1. 现金流量表是按权责发生制编制的。（　　）
2. 企业的银行存款与现金等价物之间的资金转换，不视为现金的流入或流出。（　　）
3. 企业存放在银行和金融机构中不可提前支取的定期存款不视为现金。（　　）
4. 经营活动产生的现金流量大于零说明企业盈利。（　　）
5. 企业经营活动产生的现金流量直接反映企业创造现金的能力。（　　）
6. 汇率变动对现金的影响数，应作为调整项目，在现金流量表中单独列示。（　　）
7. 企业支付所得税将引起筹资活动现金流量的增加。（　　）
8. 经营活动现金流量是支付了有价值的投资需求后，向股东和债权人派发现金的流量。（　　）
9. 企业分配股利必然引起现金流出量的增加。（　　）
10. 处置子公司及其他营业单位收到的现金净额属于筹资活动现金流入量。（　　）

（四）技能训练

1. 目的：练习财务指标的计算与分析。

资料：某公司本年经营活动产生的现金流量净额是 365.69 万元。本期到期的长期债务是 87.53 万元，期末流动负债是 375.83 万元，本期到期的债务总额是 1 046.51 万元。同行业平均现金到期债务比 2.1，平均现金流动负债比 0.85，市场利率 10%。

要求：（1）计算现金到期债务比、现金流动负债比及现金债务总额比；

（2）对该企业的偿债能力进行分析。

2. 目的：练习现金流量表的分析能力。

资料：

某公司 2008 年和 2009 年度现金流量表

单位：万元

项目	2009 年	2008 年
一、经营活动产生的现金流量：		
销售商品、提供劳务收到的现金	1 240	1 039
收到的租金	0	0
收到的增值税销项税额和返回的增值税款	20	12
收到的除增值税以外的其他税费返还	13	8
收到的其他与经营活动有关的现金	59	70
现金流入小计	1 332	1 129
购买商品、接受劳务支付的现金	985	854
经营租赁所支付的现金	0	0
支付给职工以及为职工支付的现金	60	63
支付的增值税款	76	127

（续上表）

项目	2009 年	2008 年
支付的所得税款	53	22
支付的除增值税、所得税以外的其他税费	14	10
支付的其他与经营活动有关的现金	109	202
现金流出小计	1 297	1 278
经营性活动产生的现金流量净额	35	−149
二、投资活动产生的现金流量：		
收回投资所收到的现金	205	260
分得股利、或利润所收到的现金	25	20
取得债券利息所收到的现金	12	10
处置固定资产、无形资产和其他长期资产而收到的现金净额	0	0
现金流入小计	242	290
购建固定资产、无形资产和其他长期资产所支付的现金	155	175
权益性投资所支付的现金	104	200
债券性投资所支付的现金	0	0
支付的其他与投资活动有关的现金	0	0
现金流出小计	259	375
投资活动产生的现金流量净额	−17	−85
三、筹资活动产生的现金流量：		
吸收权益投资所收到的现金	150	177
发行债券所收到的现金	0	0
借款所收到的现金	165	263
收到的其他与投资活动有关的现金	0	0
现金流入小计	315	440
偿还债务所支付的现金	175	325
发生筹资费用所支付的现金	12	10
分配股利或利润所支付的现金	5	0
偿付利息所支付的现金	10	15
融资租赁所支付的现金	0	0
减少注册资本所支付的现金	0	0
支付的其他与筹资活动有关的现金	0	0
现金流出小计	202	350
筹资活动产生的现金流量净额	113	90
四、汇率变动对现金的影响	0	0
五、现金及现金等价物净增加额	131	−144

要求：（1）编制现金流量水平分析表并进行增减变动分析；

（2）编制现金流量表垂直分析表并进行结构分析。

单元五　财务报告的其他相关内容

学习目标

理解所有者权益变动表、财务报表附注、合并报表及审计报告的内容与作用；掌握阅读与分析方法，能准确分析评价、解读财务信息。

项目十五　所有者权益变动表

任务 15－1　了解所有者权益变动表基础

案例导入

在新《企业会计准则》下的首份年度财务报告中，财务报表由“三大”变成“四大”。财务报表至少应当包括：资产负债表、利润表、现金流量表、所有者权益（股东权益）变动表和附注。这样，原来在上市公司定期报告中以资产负债表附表形式出现的股东权益变动表，成为与原三大报表并列披露的第四张财务报表。

问题：我国的《企业会计准则》这样规定是为什么？

基础知识

所有者权益是企业资产扣除负债后由所有者享有的剩余权益，所有者权益变动表是反映构成所有者权益的各组成部分当期的增减变动情况的报表。公司的所有者权益又称为“股东权益”，股东权益是公司股东对公司净资产的所有权，所以，该表也称为股东权益变动表。

一、所有者权益变动表的作用

所有者权益是企业自有资本的来源，它的数量多少、内部结构变动会对企业的财务状况和经营发展趋势带来影响。因此，所有者权益变动表是报表使用者十分关注的主要报表之一。其作用：

（1）反映企业抵御财务风险的实力，为报表使用者提供企业盈利能力方面的信息。

（2）反映企业自有资本的质量，揭示所有者权益变动的原因，为报表使用者正确地评价企业的经营管理工作提供信息。

（3）反映企业股利分配政策及现金支付能力，为投资者的投资决策提供全面信息。

二、所有者权益变动表的格式

所有者权益变动表属于动态报表。从左向右列示了所有者权益的组成项目，包括上年金额和本年金额两部分，列示两个会计年度所有者权益各项目的变动情况，便于对前后两个会计年度的所有者权益总额和各组成项目进行动态分析。自上而下反映了各项目年初至年末的增减变动过程，反映的内容可分为五个方面：所有者权益各项目本年年初余额的确定；本年度取得的影响所有者权益增减变动的收益和利得或损失；所有者投入或减少资本引起的所有者权益的增减变化；利润分配引起的所有者权益各项目的增减变化；所有者权益内部项目之间的相互转化。所有者权益变动表的格式如表 5－1 所示。

表 5－1　所有者权益变动表　　　　会企 04 表

编制单位：　　　　2009 年度　　　　单位：万元

项目	本年金额						上年金额					
	实收资本（或股本）	资本公积	减：库存股	盈余公积	未分配利润	所有者权益合计	实收资本（或股本）	资本公积	减：库存股	盈余公积	未分配利润	所有者权益合计
一、上年年末余额	30 000.00	208.42		347.26	2 740.66	33 296.34	30 000.00	208.42		215.61	1 555.80	31 979.83
加：会计政策变更												
前期差错更正												
二、本年年初余额												
三、本年增减变动金额（减少以“－”号填列）												
（一）净利润					2 162.25	2 162.25					1 316.51	1 316.51
（二）直接计入所有者权益的利得和损失												
1. 可供出售金融资产公允价值变动净额												
2. 权益法下被投资单位其他所有者权益变动的影响												

（续上表）

项目	本年金额						上年金额					
	实收资本（或股本）	资本公积	减：库存股	盈余公积	未分配利润	所有者权益合计	实收资本（或股本）	资本公积	减：库存股	盈余公积	未分配利润	所有者权益合计
3. 与计入所有者权益项目相关的所得税影响												
4. 其他												
上述（一）和（二）小计												
（三）所有者投入和减少资本												
1. 所有者投入资本												
2. 股份支付计入所有者权益的金额												
3. 其他												
（四）利润分配												
1. 提取盈余公积				216. 23	－216. 23					131. 65	－131. 65	
2. 对所有者（或股东）的分配												
3. 其他												
（五）所有者权益内部结转												
1. 资本公积转增资本（或股本）												
2. 盈余公积转增资本（或股本）												
3. 盈余公积弥补亏损												
4. 其他												
四、本年年末余额	30 000. 00	208. 42		563. 49	4 686. 68	35 458. 59	30 000. 00	208. 42		347. 26	2 740. 66	33 296. 34

说明：本年年末余额＝本年年初余额＋本年增减变动金额

其中：本年年初余额＝上年期末余额＋会计政策变更＋前期差错更正

本年增减变动金额＝净利润＋直接计入所有者权益的利得和损失＋所有者投入和减少资本＋利润分配＋所有者权益内部结转

案例分析

所有者权益变动表的“扶正”，既是与国际会计准则的“趋同”，也是上市公司股东权益日益受到重视的体现。

任务15－2　理解所有者权益变动表的内容

案例导入

某企业2009年资产负债表部分资料，如表5－2所示：

表5－2　资产负债表部分资料　　单位：万元

所有者权益	年末数	年初数
股本	2 000	1 800
资本公积	80	108
盈余公积	320	216
未分配利润	360	216
所有者权益合计	2 760	2 340

已知本年利润500万元，资本公积转增股本28万元，发行股票172万元，提取盈余公积104万元，分配股利252万元。

问题：根据以上资料计算本年年末所有者权益（要求列出算式）。

基础知识

所有者权益变动表是年度报表，反映所有者权益总额和各组成项目在本年内的增减变动过程。其内容由四部分组成，见表5－1。

一、上年年末余额

该项目是指企业上一会计年度的财务报表中所有者权益的年末数，也是本年所有者权益增减变动以及分析的基础。

企业年度财务报表报出后，如果由于变更会计政策，或更正以前年度的重大会计差错等原因，导致企业多计或少计利润等所有者权益项目，但是以前年度账目已经结清，无法再进行调整，只能在当年会计账目中进行处理。在填报财务报表时，不能作为本年发生额填列，而是通过采取调整年初数的形式来处理，即将“会计政策变更”和“前期差错更正”的影响金额单独列示。

二、本年年初余额

该项目是指上年的年末余额，加减因“会计政策变更”和“前期差错更正”所引起的所有者权益项目的增减数后的余额，实际上是对所有者权益年初余额的修正。

三、本年增减变动金额

这是该表的核心部分，反映所有者权益从年初到年末的增减变化全过程及原因。具体内容如下：

1. 净利润

该项目与利润表中的“净利润”一致。需要说明的是：净利润中包括直接计入当期损益的利得和损失。

2. 直接计入所有者权益的利得和损失

利得与收入不同，它不是经常性的收入，而是带有偶然性质的所得。按照规定，需要在所有者权益变动表中单独列示的直接计入所有者权益的利得和损失包括三项：一是可供出售金融资产公允价值变动净额；二是权益法下被投资单位其他所有者权益变动的影响；三是与计入所有者权益项目相关的所得税影响。

3. 所有者投入和减少资本

企业的实收资本因各种情况会发生增减变化，所有者权益变动表要求单独列示以下三项内容：所有者投入资本、股份支付计入所有者权益的金额、企业资本减少。

4. 利润分配

企业的税后净利润应按规定的程序进行分配，包括提取盈余公积、计算应付现金股利或利润等，剩余的部分为未分配利润。所有者权益变动表要求单独列示以下两项利润分配的内容：提取盈余公积（法定和任意盈余公积）、对所有者（或股东）的分配。

5. 所有者权益内部结转

所有者权益内部各项目之间的结转不会引起所有者权益总额的变化。所有者权益变动表要求单独列示下列三项内容：资本公积转增资本、盈余公积转增资本、盈余公积弥补亏损。

四、本年年末余额

该项目本年年初余额加本年增减变动金额的结果，应与资产负债表的所有者权益相等。

案例分析

股本 = 1 800 + 28 + 172 = 2 000（万元）；

资本公积 = 108 − 28 = 80（万元）；

盈余公积 = 216 + 104 = 320（万元）；

未分配利润 = 216 + 500 − 104 − 252 = 360（万元）；

本年年末所有者权益 = 2 000 + 80 + 320 + 360 = 2 760（万元）。

任务 15 − 3　掌握所有者权益变动表重点项目的分析

案例导入

某公司所有者权益变动表，见表 5 − 1。

问题：对该公司所有者权益变动表进行分析。

基础知识

报表使用者在仔细阅读所有者权益变动表各项内容的基础上，通过对所有者权益变动表重点项目的分析，可得到各项目的具体变动数额和变动的原因，以及变动后对公司今后发展的影响，还可以进一步分析公司股价的走势。

一、股本变动情况分析

股本是股东实际投入公司的资本，是公司经营的本钱，股本的大小反映公司经营规模的大小。对股本变动情况的分析要综合进行。要在分析公司股本增长的同时，分析营业收入和净利润是否相应增加。对公司股本盈利能力进行分析，应重点计算如下指标：

1. 股本收益率

股本收益率＝（税后利润－优先股股利）÷发行在外的普通股股本

该指标用于衡量普通股票投资者可获投资报酬的程度。该指标越高，说明公司向股东提供的收入水平越高，或者用于扩大再生产的潜力越大，投资的风险越小。对投资者而言，股本收益率的高低比公司财务状况的好坏或其他收益率指标更直观，也更重要。

2. 每股盈利

每股盈利＝（税后利润－优先股股利）÷发行在外的普通股股数

该指标用于衡量平均每股普通股票获得的净收益额。在股票面值为1元时，该指标与上述股本收益率指标计算结果相同。

3. 每股净资产

每股净资产＝（股东权益－优先股股利）÷发行在外的普通股股本

该指标用于衡量每一普通股股份所能分配的账面净资产的价值。利用该指标可以衡量公司的发展速度与发展潜力，判断投资价值及投资风险的大小。

二、资本公积变动情况分析

资本公积不同于股本，股本是投资者对公司的原始投入，而资本公积是由特定来源形成的，除股本溢价外，主要来自非股东投入。资本公积减少的原因主要是转增股本，分析时要注意转增股本的额度，以及转增股本后的股数和新的股权比例情况。可通过转增股本前后的股本收益率、每股盈利、每股净资产等指标进一步加以分析。

三、盈余公积变动情况分析

盈余公积增加的主要来源是按规定从本期净利润中提取的法定盈余公积和任意盈余公积。盈余公积减少的情况一般包括：转增股本、弥补亏损、派送新股、中外合作经营企业在经营期间用盈余公积归还投资等。在股东权益构成项目中，公积金是一种无实际筹资成本的资金来源，并可以自由支配，因此分析中可计算公积金与股东权益的比率，即：

公积金与股东权益比率＝（资本公积＋盈余公积）÷股东权益

一般而言，该比率越大，说明对股本的保证程度越高，债权也越有保障。盈余公积所占比重越大，说明公司获利能力越强。

四、利润分配的分析

公司实现的净利润形成了积累资金和消费资金。积累资金包括法定盈余公积、任意盈余公积和未分配利润。这些资金都是留存公司的经营积累资金，可用于公司的发展。消费资金主要是分配给股东的股利，包括现金股利和股票股利。

实际上，留存于公司的现金越多，公司发展的资金就越充裕，就越有后劲，有益于公司未来经营业绩的提高，从而使投资者得到更高的回报。但是积累比例过高，使消费资金比例过低，投资者收益就会减少，这将有可能挫伤股东的积极性，并影响公司形象，进而影响公司股价。

案例分析

（1）该企业的股本、资本公积都没有发生变动。盈余公积增加了216.23（563.49－347.26）元、增长了62.27%（216.23÷347.26）；未分配利润增加了1 946.02（4 686.68－2 740.66）元，增长了71%（1 946.02÷2 740.66）；说明本企业的利润非常可观，经营业绩良好。

（2）由于净利润增长64.24%［（2 162.25－1 316.51）÷1 316.51］，使股本盈利能力也大幅增长（2009年股本收益率或每股盈利＝2162.25÷30 000.00＝0.07；每股净资产＝35 458.59÷30 000.00＝1.18；2008年股本收益率或每股盈利＝1 316.51÷30 000.00＝0.04；每股净资产＝33 296.34÷30 000.00＝1.11）也使公司获利能力增强［2009年公积金与股东权益比率＝（208.42＋563.49）÷35 458.59＝2.18%；2008年公积金与股东权益比率＝（208.42＋347.26）÷33 296.34＝1.67%］。在此基础上还可与同行业指标进行比较。

（3）公司的积累比例过高，但没有对股东进行分配，这将有可能挫伤股东的积极性，并影响公司形象，进而影响公司股价。

项目十六　会计报表附注

任务16－1　了解会计报表附注基础

案例导入

华天酒店2001年财务报告会计报表附注1：“公司简介”摘要。

湖南华天酒店股份有限公司（以下简称本公司）……由湖南华天实业集团有限公司独家发起，对华天酒店改组采取社会募集方式设立的股份有限公司。……于1996年8月8日向社会公开发行A种股票2 000万股，注册资本8 000万元。……2001年4月6日经湖南省工商行政管理局核准变更登记，企业法人营业执照注册号：4300001000432（3－1），注册资本人民币壹亿柒仟贰佰捌拾肆万元，注册地址：长沙市解放东路380号。本公司属旅游服务行业，经营范围为：提供住宿、餐饮、洗衣、物业清洗服务；投资汽车出租、文化娱乐产业；生产、销售计算机软硬件并提供计算机集成科研成果转让；零售香烟。

问题：该“公司简介”摘要透视了哪些信息？

基础知识

会计报表附注是为方便会计报表使用者理解会计报表的内容，而对在会计报表中列示项目的文字描述或明细资料，以及对未能在这些报表中列示项目的补充注明。

一、会计报表附注的作用

财务报表附注是企业财务报表的重要组成部分，也是报表使用者全面、客观、准确地解读企业会计信息必须参照的重要内容。财务报表附注具有以下作用：

1. 突出会计报表信息的重要性

会计报表中所含有的信息内容繁多，报表使用者可能抓不住重点，对其中的重要信息了解可能不够全面、详细。附注中对财务报表中的重要数据的进一步分解、说明，有助于报表使用者了解哪些是重要的信息、应当引起注意，并在决策中有所考虑。

2. 增进会计报表信息的可理解性

由于企业会计报表的使用者的知识结构、信息需求及侧重点各不相同，仅有会计报表主表、附表是不能满足所有会计报表用户的需要的。会计报表附注对表中数据进行的解释，有助于不同层次的会计报表使用者理解会计报表中的信息。

3. 提高会计报表信息的可比性

可比性是一项很重要的会计原则，它要求前后各期采用的会计政策应当保持一致，不得随意变更。但在实际编制时为了更加公允地反映企业的经营情况，企业有可能改变会计报表中某些项目的会计政策，这就需要通过在会计报表附注中加以说明，提高会计报表的可比性。

二、会计报表附注内容的阅读

根据最新颁布的《企业会计准则——应用指南》的规定，一般企业的财务报表附注主要包括如下内容：

（一）企业的基本情况

企业注册地、组织形式和总部地址；企业的业务性质和主要经营活动；母公司以及集团最终母公司的名称；财务报告的批准报出者和财务报告批准报出日。

（二）财务报表的编制基础

1. 会计年度

我国会计年度一般都是从 1 月 1 日到 12 月 31 日，介绍会计年度的目的是告诉读表人，利润表、现金流量表、所有者权益变动表的期间是从 1 月 1 日到 12 月 31 日。资产负债表有两个时点：一个时点就是 1 月 1 日，叫期初；另一个时点就是 12 月 31 日，叫期末。

2. 记账本位币

一般情况下，我国大陆的公司记账本位货币是人民币。企业如果有外币业务，应当采用发生当日（或当月 1 日）的外汇市场价格折合记账本位币（人民币）记账，年末余额按当年 12 月 31 日市场汇价调整。

3. 会计计量所运用的计量基础

新《企业会计准则——基本准则》第九章规定，企业在将符合确认条件的会计要素登记入账并列报于财务报表时，应当按照规定的会计计量基础进行计量，确定其金额。会计计量基础主要包括历史成本、重置成本、可变现净值、现值、公允价值。企业在对会计要素进行计量时，一般应当以历史成本作为会计计量基础，采用其他计量基础的，应当保证所确定的会计要素金额能够取得并可靠计量。

4. 现金和现金等价物的构成

现金和现金等价物包括库存现金、其他货币资金、3 个月内到期的债券投资、随时用于支付的银行存款，而会计实务中的现金是狭义的现金，它就是指库存现金。

（三）遵循企业会计准则的声明

2007 年 1 月 1 日起，我国企业会计准则和审计准则体系正式实施。企业应当声明编制的财务报表符合企业会计准则的要求，真实、完整地反映了企业的财务状况、经营成果和现金流量等有关信息。

（四）重要会计政策和会计估计的说明

会计政策是指企业进行会计核算和编制会计报表时所采用的具体原则、方法和程序。《国际会计准则 1——会计政策说明》中要求对会计政策的说明包括：综合性会计政策、资产项目及负债项目、损益项目、其他。

会计估计是指对结果不确定的交易或事项以最近可利用的信息为基础所做出的判断。需要进行会计估计的项目通常有：坏账；存货遭受损毁、全部或部分陈旧过时；固定资产的使用年限与净残值；无形资产的受益期限；或有损失等。

企业在披露重要会计政策和会计估计时，应当披露重要会计政策的确定依据和财务报表项目的计量基础，以及会计估计中所采用的关键假设和不确定因素。对不重要的会计政策和会计估计可以不披露。

（五）会计政策和会计估计变更以及差错更正的说明

公司采用的会计政策应当前后一致，不应随意变动，以保持连续性，便于报表的使用者前后各期相互比较。若公司认为采用新政策能使公司会计报表中对事项或交易的编报更为恰当，则可以对以往采用的会计政策做出某些变更。公司对之加以披露时，应当说明以下内容：会计政策、会计估计变更的内容和理由、影响数及影响数不能合理确定的理由。

（六）报表重要项目的说明

企业对报表重要项目的说明，应当按照资产负债表、利润表、现金流量表、所有者权益变动表及其项目列示的顺序，采用将文字和数字描述相结合的方式进行披露。报表重要项目的明细金额合计，应当与报表项目金额相衔接。

（七）或有事项

或有事项是指过去的交易或者事项形成的，其结果须由某些未来事件的发生或不发生才能决定的不确定事项。常见的或有事项有：应收账款有可能无法收回；公司对售后商品提供担保；已贴现票据可能发生追索；为其他企业债务提供担保；待决诉讼；公司因损坏另一方的财产而可能发生赔偿；由于污染了环境而可能发生治污费或可能支付的罚金；在发生税收争议时，有可能补交税款或获得税款返还。公司在会计报表附注中对或有事项加以披露时，应当说明以下内容：或有事项的性质；影响或有事项未来结果的不确定因素；或有损失和或有收益的金额。如果无法估计或有损失和或有收益的金额，则应当说明不能做出估计的原因。

（八）资产负债表日后事项

资产负债表日后事项，是指自年度资产负债表日后至会计报表批准报出日之间发生的需要调整或说明的事项。资产负债表日后事项可分为两类：一是对资产负债表日存在的情况提供进一步证据的事项，可称为调整事项；二是资产负债表日后才发生的事项，可称为非调整事项。非调整事项与资产负债表日存在状况无关，不应调整资产负债表日编制的会计报表，应在会计报表附注中说明事项的内容和对财务状况、经营成果的影响，如无法估计其影响，应当说明无法估计的理由。

（九）关联方关系及其交易

《企业会计准则》明确了关联方的判定标准，即在企业财务和经营决策中，如果一方有能力直接或间接控制、共同控制另一方，或对另一方施加重大影响就可视为“关联方”。关联方交易是指关联方之间发生转移资源或义务的事项，而不论是否收取价款。按规定，当关联方之间存在控制和被控制时，应在会计报表附注中披露企业经济性质、类型、名称、法定代表人、注册地、注册资本及其变化、企业的主营业务、所持股份或权益及其变化、关联方交易的性质、类型、交易金额。当存在共同控制、重大影响时，在没有发生交易的情况下，可以不披露关联方关系；在发生交易时，应当披露关联方关系的性质。

案例分析

通过对华天酒店2001年会计报表附注1的分析，我们知道：华天酒店1996年发行股票，2001年注册资本1.7亿元。属旅游服务行业，经营范围：酒店业务和计算机相关产品业务，华天酒店的主营业务收入和利润应该主要来自于这两项业务。这两项业务的盈利能力对华天酒店的总利润有重要的影响，因此对华天酒店的分析重点应该集中于它的酒店业务和计算机相关产品业务。

任务16－2　掌握财务会计报表附注重点项目的分析

案例导入

某集团股份有限公司主要经营百货、餐饮服务、旅游等产业。公司2005年度实现主营业务收入92 847.95万元，实现利润7 256.30万元。坏账准备按应收账款余额的5%计提。其2005年年末应收账款总额为33 591 670元，根据报表附注，其应收账款的账龄构成如表5－3所示。

表5－3　应收账款的账龄表　单位：元

账龄	期末数			期初数		
	金额	比例（%）	坏账准备	金额	比例（%）	坏账准备
1年以内	2 966 263	8.83	148 313	3 041 010	7.97	152 050
1~2年	95 403	0.28	4 770	1 039 597	2.73	51 979
2~3年				17 577 619	46.09	878 880
3年以上	30 530 004	90.89	1 526 500	16 481 421	43.21	1 415 336
合计	33 591 670	100.00	1 679 583	38 139 647	100.00	2 498 245

问题：对应收账款账龄结构进行分析。

基础知识

分析财务报表附注，对报表使用者全面了解企业财务状况，准确评价企业经营管理水平以及及时做出有效的判断和决策具有重要意义。会计报表由于形式的限制，它只能非常概括地反映各主要项目，至于各项目内部的具体情况及其背景情况，往往难以在表内反映，所以需要在会计报表附注中提供有关重要项目的明细资料和具体解释。一般情况下，应在把握宏观经济环境、宏观经济政策、行业的市场类型及生命周期、企业的经营管理及发展前景的基础上对财务报表附注中的重点项目进行分析。

一、货币现金

资产负债表流动资产第一项就是货币资金，读表时知道12月31日企业有多少货币资金，但是不知道具体项目是什么，通过阅读会计报表项目注释时就会知道现金人民币、现金美元及折合人民币、银行存款、人民币存款、美元存款及折合人民币、汇票存款、本票存款等分别是多少，会知道货币资金的具体构成内容，所以会计报表项目注释将使读表人对数字的理解更加具体、更加准确、更加到位。

二、应收款项

应收账款是企业因销售商品或提供劳务而形成的债权。应收账款的变化会直接导致企业营业收入和现金流量的变化，从而影响企业的利润水平、营运能力及现金流动的数量。因此，对应收账款的分析不应是孤立的，而是要结合利润表和现金流量表以及财务报表附注中的相关内容进行综合分析。按照常规，应收账款欠账时间越长，收不回来的可能性就越大。分析的重点是关注应收账款按账龄分类各有多少，企业是否有隐瞒应收账款的坏账风险、对不能收回的高额应收账款不作披露的现象。另外还要关注主要的债务人，是否存在关联方交易。

三、其他应收款

其他应收款是企业发生的除销售商品或提供劳务以外的应收款项。在正常情况下，其他应收款的余额不应过大。如其他应收款的余额过大，就应通过附注关注企业有没有这样的情况：利用其他应收款虚构营业收入，把亏损变为盈利；投资者利用“其他应收款”抽走企业资金，严重影响企业生产经营等。

四、存货

存货在企业流动资产中所占的比重较大，而且也是经常发生会计舞弊的项目之一，如利用存货调整营业成本，虚增成本费用。存货与利润表中的营业成本密切相关，该项目的变化对企业损益、资产总额、所有者权益和所得税额都能产生一定的影响。分析时要关注企业是否有变更存货计价方法或调整存货跌价准备的计提比例，进行一定的利润调整。

五、固定资产

固定资产是企业的主要资产项目，其价值的大小、更新的快慢，对企业发展及创新能力扩大具有极其重要的作用。分析时要关注企业是否对固定资产折旧方法及估计进行变更，以期对企业的财务状况、经营成果进行一定的调整。

六、长期股权投资

企业往往通过调整股权比率、改变长期股权投资核算方法达到调节利润的目的。因此，在分析财务报表附注时，应关注长期股权投资当期金额有无异常，它形成的投资收益金额有无异常，是否占企业总收益的较大比重等。

七、长期待摊费用

企业通过调整当期费用也可以实现虚增利润的目的。在实际工作中，有的企业往往利用“待摊”的方式进行调账，如把当期的财务费用和管理费用列为长期待摊费用，将本该计入当期费用的利息支出予以资本化，来达到减少当期费用、增加资产价值、虚增利润的目的。因此在分析时，应对成本费用大幅下降的企业予以特别的关注，并进一步分析下降的原因，才能准确地判断企业的实际盈利能力。

八、营业收入

企业的营业收入包括企业主营业务和其他业务所确认的收入总额。分析应关注企业是否利用收入确认的“时间差”来调节利润，如采用提前确认收入、推迟确认费用，或者不以实际收入的发生为依据，而以签订购销合同确认收入等手段来操纵利润。

九、营业外收入

营业外收入是指与企业生产活动没有直接关系的各项收入。它不是由企业经营资金耗费所产生的，不需要企业付出代价，实际上是一种纯收入，不可能也不需要与有关费用进行配比。在分析时，应以营业外收入除以总利润的比率来分析利润的构成情况，以检验企业获利能力与经营成果。如果该比率较大，说明企业盈利水平差，经营前景不容乐观。

十、管理费用

管理费用是企业三大期间费用中数额较大、项目最多、分析起来最复杂的支出项目，也是容易生成虚假会计信息的项目。在分析时，要特别关注附注中列示的项目数量及金额的变动。要将管理费用的变动与企业当期的经营方针的变化、产品结构与营销策略的调整等结合起来，分析其支出的合理性与有效性。

案例分析

从应收账款的期初数和期末数对比中可以看出，公司 2005 年初 2～3 年账龄的应收账款几乎没有收回，在年末的资产负债表上成了 3 年以上的应收账款，这类高龄应收账款长期停滞在资产负债表上，形成坏账的风险很大。而公司对这些账龄在 3 年以上的应收账款仍按照 5% 计提坏账准备，风险储备明显不足。

2006 年，公司管理层对会计估计做出变更，将 3 年以上应收账款的坏账计提比例改为 20%，以反映这部分应收账款的风险性，并且全额核销掉账龄在 3 年以上的应收账款 4 269 031 元，两项因素直接导致 2006 年减少利润 500 万元左右。如果 2005 年对该公司财务报告进行分析的时候充分关注其应收账款的账龄，就可以根据当时的高龄应收账款余额测算出其中所隐含的对以后期间可能造成的利润侵蚀。

项目十七　合并财务报表

任务 17－1　了解合并财务报表基础

案例导入

假设 A 公司在编制合并财务报表时，有这三种情况：（1）A 公司直接拥有 B 公司总股份的 51%；（2）A 公司拥有 B 公司 80% 的股份，而 B 公司又拥有 C 公司 70% 的股份；（3）A 公司拥有 B 公司约 70% 有投票表决权的股份，同时又直接拥有 C 公司 25% 的有投票表决权的股份，而 B 公司又拥有 C 公司 30% 的有投票表决权的股份。

问题：在这三种情况下，请你确定合并财务报表的合并范围，并查阅国际惯例的做法。

基础知识

一、企业合并的概念及方式

企业仅通过自身的内部积累来扩大经营规模是缓慢的，直接而有效的方式是通过收购、兼并其他企业，实现迅速成长，建立可靠的原材料供应基地、开辟新的市场、开展多种经营。可以说，在现代市场经济中，企业合并是司空见惯的现象。

合并是企业为了达到某种目的，通过兼并、收购、控股等形式控制其他企业生产经营的行为。其实质就是通过某种方式把两个或两个以上的具有法律独立实体的企业合成一个经济实体。企业合并的方式一般包括三种：

（一）新设合并

新设合并，是指两家或两家以上的企业合并成立一家新的企业，参与合并的各方的法人资格在合并后均被注销。比如，在法律上独立的企业A、B和C三家公司合并成一家新的企业D公司，那么，当D公司成立后，A、B和C三家公司将会随即注销。

（二）吸收合并

吸收合并，是指一家企业兼并另一家或一家以上的企业，被兼并的企业宣告解散，失去法人资格，并予以注销。比如，A公司购买了B公司的全部股份，A公司继续存在，B公司宣告解散。

（三）控股合并

控股合并，是指一家企业通过合并取得另一家企业的控制权，前者取得了控制地位，为母公司或称为控股公司，也称为合并方（或购买方），合并方确认企业合并形成的对被合并方的投资；后者为子公司，也称为被合并方，在合并后仍保持其法人资格，并继续经营。

在前两种合并方式下，在合并当初需要处理有关企业的会计业务，合并完成之后，实际上就是一家公司，所属公司不具备法人地位，而只是一个或若干个分支机构或分公司，在日常会计处理时作为一家公司对待。而控股合并则不同，尽管母公司具有控股地位，但母公司和各子公司仍是相互独立的法律实体，各自的会计核算也是相互独立的，各自都编制自身独立的财务报表。由于母公司已经控制了子公司的经营，实际上，母公司和各子公司之间是一个经济实体。作为一个经济实体，就必须把母子公司的财务报表合并起来，编制一套反映母子公司作为一个经济实体的合并财务报表。对于母公司的股东来说，合并财务报表比母公司自身单独的财务报表更有意义。

二、合并财务报表的概念及特点

合并财务报表是指反映母公司和其全部子公司形成的企业集团整体财务状况、经营成果和现金流量的财务报表。其中，母公司是指有一个或一个以上子公司的企业；子公司是指被母公司控制的企业。具体由合并资产负债表、合并利润表、合并现金流量表、合并所有者权益变动表及附注组成。

合并报表是将母公司和子公司视为一个独立的经济实体，它只反映合并主体与外界发生的交易事项和经营成果，而不包括母公司和子公司之间的内部经济交易和经济往来事项，所以编制合并报表与个别会计报表是不一样的，而且具有独特的一些特点，具体包括：

1. 编制单位不同

合并财务报表是由集团公司占据控制地位的控股公司或母公司编制的，而不是集团中所有公司都需要编制合并财务报表；个别财务报表则是由独立法人公司编制的，集团中每个公司（包括母公司和所有子公司）都必须编制个别财务报表。

2. 会计主体不同

合并财务报表反映的对象是多个法人主体组成的会计主体（经济意义上的主体，而不是法律意义上的主体）；个别财务报表反映对象是单个会计主体（法律意义上的主体）。

3. 编制方法不同

编制个别财务报表，需要以账簿记录为依据，从设置账簿、编制分录、登记账簿到编制报表，都有一套完整的会计核算体系；合并财务报表则不需要根据每一笔业务来编制，而只需以个别财务报表为基础，根据相关资料，抵消有关项目的数额编制而成。

4. 项目内容有所不同

从总体上看，合并会计报表与个别会计报表结构基本相同，但由于合并会计报表的独特性，为了能综合反映合并主体的全部事项，合并会计报表的项目内容上，增设了不少新的项目，如少数股东权益、少数股东损益等项目。

三、合并财务报表的合并范围

合并会计报表的合并范围是指纳入合并报表编报的子公司，应当以控制为基础予以确定。

母公司直接或通过子公司间接拥有被投资单位半数以上的表决权，表明母公司能够控制被投资单位，应当将该被投资单位认定为子公司，纳入合并财务报表的合并范围。但是，有证据表明母公司不能控制被投资单位的除外。控制的方式主要有下列三种形式：

（1）直接拥有：A→B（51%）。

（2）间接拥有：A→B（60%），B→C（70%），则A→C（70%）。

（3）直接加间接拥有：A→B（51%），A→C（35%），B→C（30%），则A→C（65%）。

母公司拥有被投资单位半数或以下的表决权，且满足下列条件之一的，视为母公司能够控制被投资单位，但是，有证据表明母公司不能控制被投资单位的除外：

（1）通过与被投资单位其他投资者之间的协议，拥有被投资单位半数以上的表决权。

（2）根据公司章程或协议，有权决定被投资单位的财务和经营政策。

（3）有权任免被投资单位的董事会或类似机构的多数成员。

（4）在被投资单位的董事会或类似机构占多数表决权。

在确定能否控制被投资单位时，应当考虑企业和其他企业持有的被投资单位的当期可转换的可转换公司债券、当期可执行的认股权证等潜在表决权因素。母公司应当将其全部子公司，无论是小规模的子公司还是经营业务性质特殊的子公司，均纳入合并财务报表的合并范围。

案例分析

（1）A公司直接拥有B公司总股份的51%，B公司便成为A公司的子公司，A公司在编制合并财务报表时，必须将B公司纳入合并财务报表的范围。

（2）A公司拥有B公司80%的股份，而B公司又拥有C公司70%的股份，在这种情况下，A公司作为母公司通过其子公司B公司，间接拥有和控制C公司70%以上的股份，从而C公司也是A公司的子公司，A公司编制合并会计报表时，也要将C公司纳入合并范围。值得注意的是，国际惯例在确认A公司对C公司的控股数量时，做法是80%×70%=56%，即A公司仅拥有C公司56%有投票表决权的股份。

（3）A公司拥有B公司70%有投票表决权的股份，同时又直接拥有C公司25%有投票表决权的股份，而B公司又拥有C公司30%有投票表决权的股份。我国在确认A公司对C公司的控股数量时，做法为25%+30%=55%，即A公司合计拥有C公司55%有投票表决权的股份，从而将C公司纳入A公司的合并范围，而国际惯例做法是70%×30%+25%=46%，并不将其纳入A公司的合并范围。

任务17－2　理解合并报表的格式与具体项目的内容

案例导入

A公司在编制合并报表时，有一子公司是设在境外采用美元记账，子公司资产负债表中列明“资产”为10万美元，“负债”为4万美元，“所有者权益”为6万美元，其中“未分配利润”为0。合并财务报表决算日汇率为8.3，所有者权益发生日汇率为8.2。

问题：A公司应如何进行折算，折算的差额如何在合并报表中反映？

基础知识

目前许多上市公司所编制的财务报表都是合并财务报表与母公司的财务报表并列，从总体上看，合并财务报表的格式和结构与个别财务报表并无太大的差别，其反映的经济内容也大体一致，但由于合并财务报表是针对特定主体的，因而在涉及资本、利润等方面的内容时，与个别财务报表还是存在一些差别。为减少重复，这里仅结合各类报表对不同项目的内容作简单说明。

一、合并资产负债表

合并资产负债表是将母公司与纳入合并范围的子公司作为一个会计实体，合并反映该实体在某一日期财务状况的报表，其基本格式如表5－4所示。

表 5－4　合并资产负债表

编制单位：　　　　2009 年 12 月 31 日　　　　单位：元

资产	期末数		期初数		负债及所有者权益	期末数		期初数	
	合并	母公司	合并	母公司		合并	母公司	合并	母公司
…					…				
					未分配利润				
					外币报表折算差额				
					归属于母公司所有者权益合计				
					少数股东权益				
资产总计					负债及所有者权益合计				

合并资产负债表与个别资产负债表不同的项目主要包括：

1. *少数股东权益*

少数股东权益反映除母公司以外的其他投资者在子公司的权益，表示其他投资者在公司所有者权益中所拥有的份额。应注意少数股东在数量上未必占少数，有时甚至在公司中占多数股份。比如 A 公司拥有 B 公司 75% 的股权，B 公司又持有 C 公司 60% 的股权，那么 A 公司实际上只间接持有 C 公司 45% 的股权，其余 55% 的股权由 A 公司以外的其他股东掌握。但是 A 公司可以通过 B 公司有效地控制 C 公司，因此，“少数股东权益”实质上应指未被控制的股东所持有的股权，具有特殊的性质，它既不属于母公司的债务，也不属于母公司的股权。在数量上等于子公司的所有者权益总额与少数股东持股比例的乘积。在合并子公司的财务报表时，子公司中的非本公司股份权益被认同为公司对外负债。

2. *外币报表折算差额*

外币报表折算差额是专门用于反映将以母公司记账本位币以外的货币编制的子公司财务报表，折算为母公司记账本位币时所产生的折算差额。具体来说，企业集团的子公司如果设在中国境外，其所编报的财务报表是用当地的货币作为记账本位币编制的，而国内母公司所编报的财务报表则是以人民币作为记账本位币编制的，不同货币的财务报表不能直接合并。因此，在编制合并资产负债表时，必须将其子公司所编制的资产负债表中各项外币余额按相应汇率折合为人民币后，再进行汇编。但母公司与其子公司之间需要相互抵消的项目，由于不同时期汇率浮动，在编制合并财务报表时将外币金额按年末汇率折合的人民币数，往往与相关项目原先折合的人民币数额存在差额，以致无法抵消差额，其差额一般在合并资产负债表中的“外币报表折算差额”中反映。

二、合并利润表

合并利润表是反映母公司与纳入合并范围的子公司作为一个会计实体，在某一会计期间所取得的经营成果的财务报表，其基本格式如表 5－5 所示。

表5－5　合并利润表

编制单位：　　　　　　　　　　　2009年　　　　　　　　　　　单位：元

项目	期末数		期初数	
	合并	母公司	合并	母公司
……				
五、净利润				
归属于母公司所有者的净利润				
少数股东损益				
……				

合并利润表的项目与单个利润表不同的是，在合并利润表中，要求将“归属于母公司所有者的净利润”和“少数股东损益”在净利润项下单独列示。同少数股东权益类似，少数股东损益项目也是用来反映少数股东对子公司当期经营成果所享有的部分，其金额等于子公司的净利润与少数股东持股比例的乘积。

三、其他合并财务报表

其他合并财务报表是指除合并资产负债表、合并利润表之外的合并财务报表，具体包括：合并现金流量表、合并所有者权益变动表等。这些报表与个别财务报表的项目基本一致，各项目所包含的内容也基本相似，只是为之服务的对象不是一个单独的法人，而是作为一个整体的企业集团，故此不再重复。

案例分析

我国相关制度规定：对以外币表示的资产负债表进行折算时，所有“资产”、“负债”类项目，都必须按照合并财务报表决算日的市场汇率折算为母公司记账本位币；“所有者权益”类项目，除“未分配利润”项目外，均按照发生时的市场汇率折算为母公司的记账本位币，折算后资产类项目与负债类项目和所有者权益类项目合计数的差额，作为“外币报表折算差额”在“未分配利润”项目后单独列示。

本例中资产原币金额10万美元，应折算成人民币83万元（10×8.3），负债原币为4万美元，应折算成人民币33.2万元（4×8.3），所有者权益原币6万美元，应折算为人民币49.2万元（6×8.2）。差额0.6万元（$33.2+49.2-83$）应填入“外币报表折算差额”项目单独反映。

任务17－3　掌握合并财务报表抵消项目的阅读

案例导入

某母公司存货中有1 000件商品是从子公司购买的，其买价为13 000元，而子公司销售这些商品的成本仅为10 000元，则在母公司账面上存货增加了13 000元，银行存款减少了

13 000元，而子公司账面上表现为出现销售（营业）收入13 000元，结转销售（营业）成本10 000元，其差额为子公司实现的利润3 000元。

问题：母公司在编制合并报表时如何进行抵消处理？

基础知识

合并财务报表的抵消项目不仅是合并财务报表编制者必须掌握的基本技能，也是合并财务报表阅读者需要了解的重要内容。

一、合并资产负债表抵消项目的阅读

合并资产负债表是以母公司和子公司的资产负债表为基础，在抵消母公司与子公司、子公司相互之间发生的内部交易对合并资产负债表的影响后，由母公司合并编制。

1. 合并企业之间的投资项目

母公司对子公司的投资形成子公司的资本，成员企业在编制各自的报表时，已将这部分资本包括在各自的资本总额内。如果在合并时，只是将母公司资产负债表上的资本数额与子公司资产负债表的资本数额简单相加，就会造成资本总额的虚增。所以企业集团在编制合并财务报表时，应将母子公司、子公司与子公司之间的长期股权投资与其对应的子公司或母公司所有者权益中所享有的份额相互抵消，同时抵消相应的长期股权投资减值准备，以剔除其对资产负债表的影响。

2. 合并企业之间的债权与债务项目

母公司与子公司以及子公司与子公司之间的应收账款与应付账款、应收票据与应付票据、预付账款与预收账款、持有至到期日的投资与应付债券、应收股利与应付股利、其他应收款与其他应付款，属于企业集团的内部往来，从整个企业集团的角度看，这些款项并不属于集团整体的债权债务。如果将这些款项简单相加，就会造成重复计算，故母公司在编制合并财务报表时，也要将这些项目相互抵消，以剔除其对资产负债表的影响。同时抵消应收款项的坏账准备和债券投资的减值准备。

3. 合并企业之间的购销交易项目

母公司与子公司之间通过销售商品、提供劳务或其他方式形成的存货、固定资产、工程物资、在建工程、无形资产等交易项目，会相应增加个体的营业收入或营业成本，以及形成某一方的营业利润。但从企业集团整体来看，这是资产在企业集团内部之间所进行的等额流转，而并非对外实现购销业务，对企业实际利润不会产生任何影响，因此，不应作为企业集团销售收入的一部分，而应该相互抵消，同时对之计提的跌价准备或减值准备、未实现内部销售损益相关的部分也应当抵消，以剔除其对资产负债表的影响。

4. 合并企业之间发生的其他内部交易

比如母子公司之间提取的盈余公积等，理由同上，在此不赘述。

二、合并利润表抵消项目的阅读

合并利润表以母公司和子公司的利润表为基础，在抵消母公司与子公司、子公司相互之间发生的内部交易对合并利润表的影响后，由母公司合并编制。

（1）合并企业之间的商品购销项目。母公司与子公司、子公司之间销售商品，期末全部实现对外销售的，应当将购买方的营业成本与销售方的营业收入相互抵消；母公司与子公司、子公司相互之间销售商品，期末未实现对外销售而形成存货、固定资产、工程物资、在建工程、无形资产等资产的，在抵消销售商品的营业成本和营业收入的同时，应当将各项资产所包含的未实现内部销售损益予以抵消。因为这些交易项目虽然会增加集团内部个体企业的营业收入或营业成本，以及形成某一方的营业利润，但从企业集团整体来看，它只不过是资产在企业集团内部进行的等额流转，并未实现对外销售，因此应当抵消以剔除其对利润表的影响。

（2）合并企业之间的投资收益项目。母公司与子公司、子公司之间持有对方长期股权投资的投资收益，应当与其对应的应付利润相互抵消，持有对方债券所产生的投资收益，应当与其相对应的发行方利息费用相互抵消。因为，集团公司内部投资产生的投资收益或相互持有债券产生的利息收入均不能增加集团公司整体的净利润水平，为避免重复计算以及由此带来的虚假盈利，必须对其进行抵消处理，以剔除其对利润表的影响。

（3）合并企业之间发生的费用收支项目。企业集团成员在内部往来时，经常会伴随着发生费用收付。如子公司向母公司购买产品时，支付运输费，从表面上看，子公司发生了费用支出，母公司增加了运输收入。但从企业集团整体来看，既没有增加费用支出，也没有增加运输收入，反映在合并资产负债表中的“银行存款”项目的合并数并无增减。诸如此类的内部之间的费用、收支，均不会影响企业总体的利润。因此，在编制合并利润表时，这类项目也应相互抵消，以免产生假象。

（4）合并企业之间发生的其他对合并利润表有影响的内部交易项目。

三、合并现金流量表抵消项目的阅读

合并现金流量表以母公司和子公司的现金流量表为基础，在抵消母公司与子公司、子公司相互之间发生的内部交易对合并现金流量表的影响后，由母公司合并编制。抵消理由同上。

（1）合并企业之间当期以现金投资或收购股权增加的投资所产生的现金流量应当抵消。

（2）合并企业之间当期取得投资收益收到的现金，应当与分配股利、利润或偿付利息支付的现金相互抵消。

（3）合并企业之间以现金结算债权债务所产生的现金流量应当抵消。

（4）合并企业之间当期销售商品所产生的现金流量应当抵消。

（5）合并企业之间处置固定资产、无形资产和其他长期资产收回的现金净额，应当与购建固定资产、无形资产和其他长期资产支付的现金相互抵消。

（6）合并企业之间发生的其他产生现金流量的交易项目。

四、合并所有者权益变动表抵消项目的阅读

合并所有者权益变动表应当以母公司和子公司的所有者权益变动表为基础，在抵消母公司与子公司、子公司相互之间发生的内部交易对合并所有者权益变动表的影响后，由母公司合并编制。抵消理由同上。

（1）合并企业之间的长期股权投资应当与母公司在子公司所有者权益中所享有的份额相互抵消。

（2）合并企业之间持有对方长期股权投资的投资收益应当抵消。

（3）合并企业之间发生的其他内部交易对所有者权益变动的影响应当抵消。

合并所有者权益变动表也可以根据合并资产负债表和合并利润表进行编制。有少数股东的，应当在合并所有者权益变动表中增加“少数股东权益”栏目，反映少数股东权益变动的情况。

五、财务会计报表附注中披露合并企业之间信息

（1）子公司的清单，包括企业名称、注册地、业务性质、母公司的持股比例和表决权比例。

（2）母公司直接或通过子公司间接拥有被投资单位表决权不足半数但能对其形成控制的原因。

（3）母公司直接或通过其他子公司间接拥有被投资单位半数以上的表决权但未能对其形成控制的原因。

（4）子公司所采用的与母公司不一致的会计政策，编制合并财务报表的处理方法及其影响。

（5）子公司与母公司不一致的会计期间，编制合并财务报表的处理方法及其影响。

（6）本期增加子公司，按照《企业会计准则第20号——企业合并》的规定进行披露。

（7）本期不再纳入合并范围的原子公司，说明原子公司的名称、注册地、业务性质、母公司的持股比例和表决权比例，本期不再成为子公司的原因，其在处置日和上一会计期间资产负债表日资产、负债和所有者权益的金额以及本期期初至处置日的收入、费用和利润的金额。

（8）子公司向母公司转移资金的能力受到严格限制的情况。

（9）需要在附注中说明的其他事项。

案例分析

在编制合并财务报表时，母公司与子公司的组合体才是会计主体，商品并没有脱离这一组合体，所以相对于整个主体来看，商品尚未实现销售，而对这个主体来说，没有卖出的商品成本（即存货成本）应是真正所耗用的成本，即子公司的成本10 000元。因此，母公司的存货价值应减去3 000元。同样的道理，商品尚未实现销售，也就不应出现销售（营业）利润。从合并主体的角度看，子公司收到的13 000元银行存款正好与母公司支付的13 000元相互抵消，企业集团并没有形成实际利润。因而，合并利润表中也应从子公司的收益中减去3 000元。

任务17－4　掌握合并财务报表分析

案例导入

A公司2008年合并利润表（部分）见表5－6。

表5-6　合并利润表（部分）　　　单位：万元

项目	期末数		期初数	
	合并	母公司	合并	母公司
营业收入	16 180.99	1 601.94	7 422.56	5 002.25
投资收益	-17.26	3 992.97	38.00	414.11
营业利润	7 158.23	-912.46	1 163.60	606.80

财务报表附注显示：A公司投资收益的组成中，A公司对其在该会计年度购买股权而实现控股的E子公司投资收益为4 065.90万元；E子公司注册资本1 000万元，A公司持股60%。

问题：对该合并利润表进行分析。

基础知识

合并财务报表分析的方法与个别财务报表分析的方法基本相同。分析指标的计算方法以及应用方法几乎没有大的差异。但由于合并财务报表是以个别财务报表为基础，经过复杂的合并程序编制而成的，因此在分析时还要增加如下合并财务报表分析所特有的程序：

一、掌握企业集团的形态

在进行合并财务报表分析时，企业集团的形态与合并财务报表的数据有很大关系。因此，掌握母子公司的业务内容、母公司持有子公司的股份比率、母子公司间的交易内容和资金借贷关系、母公司向子公司派遣管理人员的情况非常重要。

二、确认合并原则和会计准则

在我国，发行外资股的公司“可以提供按国际会计准则或者境外主要募集行为发生地会计准则调整的财务报告”。因此，当母子公司遵循不同国家的不同合并会计准则时，应注意各个集团的合并原则可能存在差异。

三、对合并财务报表与个别财务报表进行比较

由于编制合并财务报表时要对合并企业之间的债权债务以及内部交易进行抵消，与个别财务报表比较起来看，经营成果的变动幅度会比较明显，经营状况的变化比较容易解读，这可以为母公司的财务报表分析提供有用的信息。而且，通过对合并财务报表与个别财务报表的比较，还可能发现利用子公司进行的利润操纵行为。主要从下面几个方向进行分析：

（1）与母公司的规模相比较，子公司群的规模；

（2）合并对母公司的经营成果、财务状况和现金流量带来什么影响；

（3）有无利用企业集团间的交易进行财务数据操纵行为；

（4）企业集团的经营管理体制如何等。

四、合并财务报表所反映的会计信息的局限性

合并财务报表就了解企业集团整体财务状况和经营成果等而言，具有非常重大的作用。但也应看到合并财务报表所反映的会计信息存在一定的局限性。主要是合并财务报表无法提供母公司与子公司本身的财务状况和经营成果；根据合并财务报表资料进行比率分析，有时无法做出准确的财务判断；母公司的股东仅从合并财务报表中取得的资料十分有限；有境外子公司的企业集团所编制的合并财务报表数据不能反映真实的经济信息等。

案例分析

从上面合并利润表中的母公司数一栏，可以发现母公司本年的营业收入下降67.98% [（1 601.94 - 5 002.25）÷5002.25×100%]，营业利润更是出现了负值，而投资收益却激增了864.23% [（3 992.97 - 414.11）÷414.11×100%]，不符合常理。财务报表附注显示母公司对对其在该会计年度购买股权而实现控股的E子公司投资收益为4 065.90万元；但E子公司注册资本仅1 000万元，母公司持股60%。也就是说，母公司对该子公司的权益仅600万元，而在6个月内就实现了4 000多万元的利润，这里显然存在重大疑点。因此，我们有较大的理由对A公司的报表提出质疑，A公司有可能通过利用收购E公司虚构其合并利润。

项目十八　审计报告

任务18-1　了解审计报告基础

案例导入

某上市公司2006年度报告被注册会计师出具了带解释说明段的无保留审计报告，提请公众对该公司巨额股权投资差额予以关注。经分析发现，该公司本期确认巨额股权投资差额是缺乏依据的，存在向关联方转移经济利益的嫌疑，并可能对今后会计期间的利润构成重大影响，因此，该审计报告可能存在报告类型选择错误的风险。

问题：（1）该审计报告类型应为哪一类？（2）请你谈谈阅读审计报告的必要性。

基础知识

审计报告是指注册会计师根据中国注册会计师审计准则的规定，在实施审计工作的基础上对被审计单位财务报表发表审计意见的书面文件。

一、审计报告的作用

注册会计师签发的审计报告，主要具有鉴证、保护和证明三方面的作用。

1. 鉴证作用

注册会计师签发的审计报告，是以独立的第三者身份对被审计单位财务报表合法性、公允性发表意见。财务报表是否合法、公允，主要依据注册会计师的审计报告做出判断。股份制企

业的股东主要依据注册会计师的审计报告来判断被投资企业的财务报表是否公允地反映了财务状况和经营成果，以进行投资决策等。因此，这种意见具有鉴证作用，得到了政府及其各部门和社会各界的普遍认可。

2. 保护作用

随着所有权和经营权的进一步分离，有很多投资者不直接参与企业的经营活动。他们需要了解企业真实的财务信息，但又不能保证企业所提供的财务报表的真实性，那么就可以请注册会计师进行审计。注册会计师通过审计，可以对被审计单位财务报表出具不同类型审计意见的审计报告，以提高或降低财务报表信息使用者对财务报表的信赖程度，能够在一定程度上对被审计单位的财产、债权人和股东的权益及企业利害关系人的利益起到保护作用。

3. 证明作用

审计报告是对注册会计师审计任务完成情况及其结果所做的总结，它可以表明审计工作的质量并明确注册会计师的审计责任。通过审计报告，可以证明注册会计师在审计过程中是否实施了必要的审计程序，是否以审计工作底稿为依据发表审计意见，发表的审计意见是否与被审计单位的实际情况相一致，审计工作的质量是否符合要求。因此，审计报告可以对审计工作质量和注册会计师的审计责任起证明作用。

二、审计报告基本要素

审计报告应当包括下列要素：①标题；②收件人；③引言段；④管理层对财务报表的责任段；⑤注册会计师的责任段；⑥审计意见段；⑦注册会计师的签名和盖章；⑧会计师事务所的名称、地址及盖章；⑨报告日期。以下面范文为例。

审计报告

ABC 股份有限公司全体股东：

我们审计了后附的 ABC 股份有限公司（以下简称 ABC 公司）财务报表，包括 20×1 年 12 月 31 日的资产负债表，20×1 年度的利润表、股东权益变动表和现金流量表以及财务报表附注。

一、管理层对财务报表的责任

按照企业会计准则和《××会计制度》的规定编制财务报表是 ABC 公司管理层的责任。这种责任包括：(1) 设计、实施和维护与财务报表编制相关的内部控制，以使财务报表不存在由于舞弊或错误而导致的重大错报；(2) 选择和运用恰当的会计政策；(3) 做出合理的会计估计。

二、注册会计师的责任

我们的责任是在实施审计工作的基础上对财务报表发表审计意见。我们按照中国注册会计师审计准则的规定执行了审计工作。中国注册会计师审计准则要求我们遵守职业道德规范，计划和实施审计工作以对财务报表是否不存在重大错报获取合理保证。

审计工作涉及实施审计程序，以获取有关财务报表金额和披露的审计证据。选择的审计程序取决于注册会计师的判断，包括对由于舞弊或错误导致的财务报表重大错报风险的评估。在进行风险评估时，我们考虑与财务报表编制相关的内部控制，以设计恰当的审计程序，但目的并非是对内部控制的有效性发表意见。审计工作还包括评价管理层选用会计政策的恰当性和做出会计估计的合理性，以及评价财务报表的总体列报。

我们相信，我们获取的审计证据是充分、适当的，为发表审计意见提供了基础。

三、审计意见

我们认为，ABC公司财务报表已经按照企业会计准则和《××会计制度》的规定编制，在所有重大方面公允反映了ABC公司20×1年12月31日的财务状况以及20×1年度的经营成果和现金流量。

××会计师事务所　　　　中国注册会计师

（盖章）　　　　（签名、盖章）

中国××市　　　　中国注册会计师

二〇×二年×月×日　　　　（签名、盖章）

1. 标题

审计报告的标题应当统一规范为“审计报告”。

2. 收件人

审计报告的收件人是指注册会计师按照业务约定书的要求致送审计报告的对象，一般是指审计业务的委托人。审计报告应当载明收件人的全称。

3. 引言段

审计报告的引言段应当说明被审计单位的名称和财务报表已经过审计，并包括下列内容：指出整套财务报表的每张财务报表的名称；提及财务报表附注；指明财务报表的日期和涵盖的期间。例如：“我们审计了后附的ABC股份有限公司（以下简称ABC公司）财务报表，包括20×1年12月31日的资产负债表，20×1年度的利润表、股东权益变动表和现金流量表以及财务报表附注。”

4. 管理层对财务报表的责任段

管理层对财务报表的责任段应当说明，按照适用的会计准则和相关会计制度的规定编制财务报表是管理层的责任，这种责任包括：①设计、实施和维护与财务报表编制相关的内部控制，以使财务报表不存在由于舞弊或错误而导致的重大错报；②选择和运用恰当的会计政策；③做出合理的会计估计。

在审计报告中指明管理层的责任，有利于区分管理层和注册会计师的责任，降低财务报表使用者误解注册会计师责任的可能性。

5. 注册会计师的责任段

注册会计师的责任段应当说明下列内容：

（1）注册会计师的责任是在实施审计工作的基础上对财务报表发表审计意见。注册会计师按照中国注册会计师审计准则的规定执行了审计工作。中国注册会计师审计准则要求注册会计师遵守职业道德规范，计划和实施审计工作以对财务报表是否不存在重大错报获取合理保证。

（2）审计工作涉及实施审计程序，以获取有关财务报表金额和披露的审计证据。选择的审计程序取决于注册会计师的判断，包括对由于舞弊或错误导致的财务报表重大错报风险的评估。在进行风险评估时，注册会计师考虑与财务报表编制相关的内部控制，以设计恰当的审计程序，但目的并非对内部控制的有效性发表意见。审计工作还包括评价管理层选用会计政策的恰当性和作出会计估计的合理性，以及评价财务报表的总体列报。

（3）注册会计师相信已获取的审计证据是充分、适当的，为其发表审计意见提供了基础。

6. 审计意见段

审计意见段应当说明财务报表是否按照适用的会计准则和相关会计制度的规定编制，是否在所有重大方面公允反映了被审计单位的财务状况、经营成果和现金流量。

7. 注册会计师的签名和盖章

注册会计师在审计报告上签名并盖章，有利于明确法律责任。

8. 会计师事务所的名称、地址及盖章

审计报告应当载明会计师事务所的名称和地址，并加盖会计师事务所公章。注册会计师在审计报告中载明会计师事务所地址时，标明会计师事务所所在的城市即可。同一地区内不应出现重名的会计师事务所。

9. 报告日期

审计报告的日期不应早于注册会计师获取充分、适当的审计证据（包括管理层认可对财务报表的责任且已批准财务报表的证据），并在此基础上对财务报表形成审计意见的日期。注册会计师对不同时段的资产负债表日后事项有着不同的责任，而审计报告的日期是划分时段的关键时点。因此，审计报告的日期非常重要。

三、审计报告的类型

审计报告分为标准审计报告和非标准审计报告。非标准审计报告，是指标准审计报告以外的其他审计报告，包括带强调事项段的无保留意见的审计报告和非无保留意见的审计报告。非无保留意见的审计报告包括保留意见的审计报告、否定意见的审计报告和无法表示意见的审计报告。

1. 标准审计报告（无保留意见审计报告）

当注册会计师出具的无保留意见的审计报告不附加说明段、强调事项段或任何修饰性用语时，该报告称为标准审计报告。

2. 非标准审计报告

（1）带强调事项的无保留意见审计报告。当注册会计师出具的无保留意见的审计报告附加强调事项段时，该报告称为带强调事项的无保留意见审计报告。

（2）保留意见审计报告。保留意见审计报告即注册会计师经过审计之后，承认已审计单位会计报表，从整体来说，是公允的，但在个别的重要会计事项持保留意见。

（3）否定意见审计报告。否定意见审计报告即注册会计师认为被审单位会计报表严重失实或会计处理方法的选用严重违反有关法规。

(4) 无法发表意见审计报告。无法发表意见审计报告即注册会计师在审计过程中，由于受到种种限制，不能实施必要的审计程序，无法对会计报表整体反映发表审计意见。

持否定意见审计报告和无法发表意见审计报告，这两种类型的审计报告比较少见。

案例分析

(1) 该审计报告应是属于保留意见审计报告。

(2) 在辨别上市公司财务报告的真实程度有两种基本方法：一是会计报表附注的详细程度。一般来说，会计报表附注越详细，财务报告越真实。二是上市公司财务报告的审计报告类型。根据我国现行的法规，财务会计报表编完以后，必须由注册会计师依法进行审计，其目的就是最终确认企业所提供的财务会计报告是否真实。注册会计师能够接触到公司的原始凭证、记账凭证、发票、总账、明细账、经济合同等第一手资料，其审计报告具有一定的参考价值，尤其是其中的说明段和意见段能够给投资者很多有用的信息。随着我国目前对会计师事务所及其注册会计师监管力度的加大，审计报告的独立性和公正性也将不断得以提高。因此，对审计报表内容的理解、解读和使用是十分必要的。

任务18－2　掌握审计报告的阅读

案例导入

以下是A、B股份有限公司的审计报告：

审计报告（A股份有限公司）

A股份有限公司全体股东：

我们审计了后附的A股份有限公司（以下简称A公司）财务报表，包括20×1年12月31日的资产负债表，20×1年度的利润表、股东权益变动表和现金流量表以及财务报表附注。

一、管理层对财务报表的责任

……

二、注册会计师的责任

……

三、导致无法发表意见的说明

经审计，我们发现：(1) 贵公司自20×0年起连续两年亏损，累计亏损数额达25 269.60万元。20×1年度亏损数额为22 780.60万元，其中，计提坏账准备、存货跌价准备和固定资产减值准备共计14 780.79万元。(2) 贵公司在20×1年上半年部分停产，下半年大面积停产。如果没有资产重组或其他财务支持，将难以持续经营。(3) 截止到20×1年12月31日，原大股东××集团有限责任公司及其他关联单位其他应收款余额为35 304.07万元。其中，账龄为二年以上者占88.55%。我们无法依据贵公司提供的资料对这些款项的可收回性做出合理的估计。(4) 截止到20×1年12月31日，贵公司外部应收账款余额为6 193.80万元，我们无法依据贵公司提供的资料对这些款项的可收回性做出合理的估计。(5) 截止到20×1年12月

31 日，贵公司异地存货余额为 1 174 万元，我们无法依据贵公司提供的资料对这些资产的存在性做出合理的判断。(6) 截止到 20×1 年 12 月 31 日，贵公司固定资产账面原价为 40 678.10 万元，提取固定资产减值准备 5 321.60 万元。根据贵公司的实际情况，我们无法估计贵公司固定资产减值准备计提金额是否足够谨慎且充分。

四、审计意见

我们认为，由于上述原因，我们无法确认贵公司依据持续经营原则编制的会计报表的合理性。我们无法对上述会计报表是否符合《企业会计准则》、《企业会计制度》的有关规定，以及是否在所有重大方面公允地反映了贵公司 20×1 年 12 月 31 日的财务状况及 20×1 年度经营成果和现金流量的情况发表审计意见。

××会计师事务所　　　　中国注册会计师

（盖章）　　　　（签名、盖章）

中国××市　　　　中国注册会计师

二〇×二年×月×日　　　　（签名、盖章）

审计报告（B 股份有限公司）

B 股份有限公司全体股东：

我们审计了后附的 B 股份有限公司（以下简称 B 公司）财务报表，包括 20×1 年 12 月 31 日的资产负债表，20×1 年度的利润表、股东权益变动表和现金流量表以及财务报表附注。

一、管理层对财务报表的责任

……

二、注册会计师的责任

……

三、导致保留意见的说明

经审计，我们发现：(1) 贵公司 20×1 年 12 月 31 日应收账款余额 122 142 419.77 元，其中贵公司第一大股东——××总厂欠款 48 098 546.02 元；其他应收款余额 296 938 444.51 元，其中贵公司第一大股东——××总厂欠款 237 021 229.23 元；预付账款余额 34 577 226.15 元，其中贵公司第一大股东——××总厂欠款 5 268 709.87 元。我们无法采取有效的审计程序证实该等款项的可收回性及对贵公司财务状况和经营成果的影响程度；(2) 贵公司第一大股东——××总厂本期以其所控制的资产偿还贵公司债务 365 060 572.11 元，由于偿债资产所需部分法律手续不够完备，所以我们无法证实偿债资产的合法性及对贵公司财务状况和经营成果的影响程度。

四、审计意见

我们认为，除上述无法证实可能造成的影响外，上述会计报表符合《企业会计准则》和《企业会计制度》的规定，在所有重大方面公允地反映了贵公司20×1年12月31日的财务状况和20×1年度经营成果及现金流量情况，会计处理方法的选用遵循了一贯性原则。

××会计师事务所	中国注册会计师
（盖章）	（签名、盖章）
中国××市	中国注册会计师
二〇×二年×月×日	（签名、盖章）

问题：请对这两份审计报告进行阅读分析。

基础知识

一、标准的审计报告（无保留意见审计报告）的阅读

标准的审计报告包括四个段落，第一段引言写明审计时检查了公司提供的所有财务报告；第二、三段申明整个审计过程根据普遍接受的审计原则进行；第四段着重阐述审计师的意见，说明公司财务报告陈述了事实。如果审计报告多于四段，说明公司的财务状况值得推敲。注册会计师出具的无保留意见的审计报告在“意见段”中使用“我们认为，……在所有重大方面公允反映了……”等术语。

二、非标准审计报告的阅读

1. 带强调事项的无保留意见审计报告

带强调事项的无保留意见审计报告，会在“意见段”之后附加“强调事项”并会使用“……本段内容不影响已发表的意见”等术语。一般情况下，无保留意见审计报告表明公司报表的可靠性较高。

2. 保留意见审计报告

注册会计师出具保留意见的审计报告时，应于“意见段”之前另设“说明段”，以说明所持保留意见的理由，并在“意见段”中使用“除存在上述问题以外”、“除上述问题造成的影响以外”或“除上述情况待定以外”等术语。有保留意见的审计报告是注册会计师认为上市公司的经营活动和财务报表在整体上公允，但在个别方面存在重要错误或问题而给予的一种大部分肯定、局部否定或不表态的评价意见。

报表使用者对有保留意见的审计报告应引起足够的重视，因为对有保留意见的会计事项进行调整后的会计信息才是真实客观的，而这一调整并非由注册会计师执行，最终还是由上市公司自行调整。如有必要，报表使用者也可自行根据保留意见的内容对财务报表数据进行必要的

调整，否则错误的会计信息将会使报表使用者决策失误。

3. 否定意见审计报告

注册会计师在出具表示否定意见的审计报告时，应于“意见段”之前另设“说明段”，说明所持否定意见的理由，并在“意见段”中使用“由于上述问题造成的重大影响”、“由于受到前段所述事项的影响”等术语，并指出会计报表“不能恰当地反映”、“不符合……规定”等问题。否定意见的审计报告说明公司的报表无法被接受，其报表已失去其价值。

注册会计师出具否定意见，表明被审计上市公司财务报表的表达是不公允、不客观的，注册会计师不得已而给予否定性评价。也就是说，上市公司财务报表的可靠性是不值得信赖的。

4. 无法发表意见审计报告

注册会计师在出具无法发表意见的审计报告时，应于“意见段”之前另设“说明段”，以说明所持无法发表意见的理由，并在“意见段”中使用“由于审计范围受到严重限制”、“由于无法实施必要的审计程序”、“由于无法获取必要的审计证据”等术语，并指出“我们无法对上述会计报表整体表示审计意见”。无法发表意见的审计报告说明公司经营中已出现重大问题，报表基本不能用。

据国外文献统计，注册会计师出具的审计报告90%以上都是无保留意见的审计报告，我国的比例可能低一些，否定意见的审计报告和无法发表意见的审计报告，在实践中均不多见。需强调的一点是，审计意见是注册会计师判断的结果，而这种判断受多种因素制约，既有注册会计师主观业务水准方面的因素，也有企业客观对注册会计师意见形成的影响因素。

案例分析

在A股份有限公司审计报告的最后一段（意见段）告诉我们“……无法对……发表审计意见”。由此，我们知道这是一份无法发表意见的审计报告。而在审计报告的“说明段”里，注册会计师说明了无法发表意见的六点理由。注册会计师无法发表意见的理由就是上市公司存在的问题和风险，公司经营中已出现重大问题：A公司已连续两年亏损，20×1年大面积停产，可能难以持续经营。因此该公司的报表基本不用再看了。

在B股份有限公司审计报告“意见段”，我们找到关键词“除上述无法证实可能造成的影响外……”。由此，我们知道这是一份保留意见的审计报告。在“说明段”，注册会计师说明了“保留意见”。注册会计师的保留意见就是公司存在的问题和风险。在买进B股份有限公司的股票前，我们必须分析这些问题和风险：该公司能够收回大股东的巨额欠款吗？大股东以其资产偿还股份公司的债务，大股东的偿债资产具有合法性吗？这些对该公司的盈利能力会有什么影响？报表使用者应对此保留意见引起足够的重视，需进一步分析财务报表。

单元小结

本单元分别对所有者权益变动表、财务报表附注、合并财务报表的性质与作用、结构，讲解了各自主要项目的阅读与分析方法，并采用案例分别介绍其综合分析方法在实践中的应用。对所有者权益变动表的分析，一要阅读、理解报表中各项目的经济含义及来源或去向；二要对重点项目进行深入剖析；三要计算相关指标，并通过该表与资产负债表、利润表和现金流量表中相关项目的勾稽关系，对企业所有者权益增减变化情况作出全面的评价。对财务报表附注的分析包括经济周期变动分析、宏观经济政策分析、行业分析、企业分析以及报表中重点项目的分析等5方面的内容。合并财务报表阅读时应注意与个别财务报表不同的项目的含义，对合并财务报表进行综合分析，既要作合并财务报表的本体分析，又要作合并财务报表与个别财务报表的比较分析。本单元还介绍了审计报告的性质、类型，强调在阅读审计报告时要分清意见段、说明段在审计报告中的作用。

综合练习

（一）单选题

1. 所有者权益是企业（　　）所享有的剩余权益。

A. 债权人　　B. 债务人

C. 所有者　　D. 经营者

2. 所有者权益变动表在一定程度上体现了企业（　　）的特点。

A. 综合收益　　B. 收益质量

C. 收益形成　　D. 利润去向

3. 所有者权益变动表是（　　）报表。

A. 月份　　B. 年度

C. 季度　　D. 半年度

4. 所有者权益变动表的核心部分是（　　）。

A. 上年末余额　　B. 对上年末余额的调整

C. 本年增减金额　　D. 所有者权益内部转移

5.（　　）既能增加注册资本和股东权益，又可增加公司的现金资产，是对公司发展最有利的增股方式。

A. 资本公积转增资本　　B. 盈余公积转增资本

C. 利润分配转入　　D. 发行新股

6. 合并报表的合并范围应该是以（　　）为基础确认的。

A. 权责发生制　　B. 收付实现制

C. 控制　　D. 数量大小

7. 因为财务报表所规定的内容具有一定的（　　），在信息披露上受到一定限制，所以需要编写财务报表附注。

A. 灵活性　　B. 固定性

C. 可拓展性　　D. 相关性

8. 注册会计师对财务报表的（　　）发表意见。

A. 公允性　　B. 真实性

C. 正确性　　D. 完整性

9. 以下关于审计报告的叙述中，正确的是（　　）。

A. 审计报告的收件人是指被审计单位

B. 注册会计师如果出具非无保留意见的审计报告时，应在意见段之前增加说明段

C. 审计报告应该由两位注册会计师签名盖章，但是必须要有主任会计师

D. 审计报告的日期是指编写完审计报告的日期

10. 下列不属于注册会计师对财务报表审计时所出具的审计报告中注册会计师责任段所描述的内容是（　　）。

A. 我们相信，我们获取的审计证据是充分、适当的，为发表审计意见提供了基础

B. 审计工作涉及实施审计程序，以获取有关财务报表金额和披露的审计证据

C. 我们的责任是在实施审计工作的基础上对财务报表发表审计意见

D. 审计工作还包括评价治理层选用会计政策的恰当性和做出会计估计的合理性，以及评价财务报表的总体列报

（二）多选题

1. 所有者权益变动表的作用是（　　）。

A. 反映企业抗风险的能力　　B. 反映企业自有资本的信息

C. 反映企业股利分配政策　　D. 反映企业现金支付能力

E. 反映企业的盈利能力

2. 对所有者权益变动表重点项目进行分析包括的内容有（　　）。

A. 股本变动情况的分析　　B. 资本公积变动情况的分析

C. 盈余公积变动情况的分析　　D. 利润分配的分析

E. 报表附注的分析

3. 在所有者权益变动表中，本年增减变动的金额是核心内容，具体包括（　　）项目。

A. 所有者投入和减少的资本　　B. 利润分配

C. 所有者权益内部转移　　D. 净利润

E. 直接计入所有者权益的利得与损失

4. 盈余公积减少的情况一般包括（　　）。

A. 转增资本　　B. 弥补亏损

C. 派送新股　　D. 资本溢价

E. 其他资本公积

5. 股本增加包括（　　）等多种渠道。

A. 资本公积转增资本　　B. 盈余公积转增资本

C. 利润分配转入　　D. 发行新股

E. 资本溢价

6. 财务报表附注的作用（　　）。

A. 提高财务报表信息的可比性　　B. 提高财务报表信息的合理性

C. 增强财务报表信息的可理解性　　D. 突出财务报表信息的重要性

E. 提高财务报表信息的全面性

7. 以下（　　）属于企业在报表附注中进行披露的或有负债。

A. 已贴现商业承兑汇票　　B. 预收账款

C. 为其他单位提供债务担保　　D. 应付账款

E. 未决诉讼

8. 对财务报表附注进行分析应从（　　）等方面来进行。

A. 企业分析　B. 行业分析

C. 宏观经济环境分析　D. 宏观经济政策分析

E. 附注中重点项目的分析

9. 合并资产负债表与单个资产负债表中不同的项目有（　　）。

A. 外币报表折算差额　B. 归属于母公司所有者权益合计

C. 商誉　D. 少数股东损益

E. 少数股东权益

10. 能够作为报表分析依据的审计报告的意见类型可以为（　　）。

A. 无保留意见的审计报告　B. 赞成意见的审计报告

C. 否定意见的审计报告　D. 保留意见的审计报告

E. 无法发表意见的审计报告

（三）判断题

1. 财务会计报告应当包括会计报表、会计报表附注和财务情况说明书。（　　）

2. 所有者权益变动表在一定程度上体现了企业综合收益的特点。（　　）

3. 利得也是企业在经营中取得的经常性收入。（　　）

4. 任何行业都要经历一个由成长到衰退的发展演变过程，所以对企业的财务报表附注进行分析时，必须结合行业的生命周期。（　　）

5. 企业编制财务报表的时候如果没有需要可以不编制报表附注。（　　）

6. 财务报表附注是企业财务报表的重要组成内容，所以要求各企业选用的财务报表附注编制形式应统一、规范。（　　）

7. 合并范围确定的原则是"投资 + 控制"。（　　）

8. 所有者权益是企业自有资本的来源，它的数量多少、内部结构变动对企业的财务状况及发展趋势影响不大。（　　）

9. 审计报告应当由两名具备相关业务资格的注册会计师签名盖章并经会计师事务所盖章方为有效。其中一位必须是主任会计师，另一位是负责该项目的注册会计师。（　　）

10. 审计报告分为标准审计报告和非标准审计报告。标准审计报告包括无保留意见和带强调事项段的无保留意见审计报告；非标准审计报告就是非无保留意见的审计报告，包括保留意见的审计报告、否定意见的审计报告和无法发表意见的审计报告。（　　）

（四）技能训练

1. 目的：强化财务报表附注的阅读能力。

资料：下面是某公司财务报表附注关于股权投资核算方法变更的说明。

本公司按照会计制度的规定，对A股份有限公司的股权投资原按成本法核算，从2008年起改按权益法核算，此项会计政策变更已采用追溯调整法，调整了期初留存收益及长期股权投资的期初数；利润及利润分配表的上年数栏，已按调整后的数字填列。此项政策变更的累积影响数为100 000元，2008年度的净利润调增了30 000元；调增2008年期初留存收益70 000元，其中，调增未分配利润59 500元；利润表及利润分配表上年数栏的年初未分配利润调增

59 500 元。

要求：说明这段话告诉了我们什么。

2. 目的：强化财务报表附注的阅读能力。

资料：下面是世纪星源 2001 年财务报告会计报表附注关于“企业的基本情况”摘要。

本公司（原名为深圳原野实业股份有限公司）经深圳市人民政府批准，于 1987 年 7 月 30 日成立。1990 年 2 月 26 日经中国人民银行深圳分行批准，向社会公开发行普通股 A 股，并于 1990 年 12 月 10 在深圳证券交易所上市。原公司后因出现若干问题自 1992 年 7 月开始停牌整顿。深圳世纪星源股份有限公司是在原公司顺利进行重整的基础上更名及重新组建的公司，并于 1994 年 1 月 3 日在深圳证券交易所复牌交易。本公司领取企股粤深总字 100456 号企业法人营业执照，现注册资本为 70 866. 13 万元。公司属于综合性行业，主要的经营业务包括：交通运输、房地产开发、酒店管理、网络软件。

要求：说明该“企业的基本情况”摘要透露了哪些信息。

单元六　财务报告综合分析及应用

学习目标

进一步理解资产负债表、利润表、现金流量表等所披露的信息，掌握盈利能力指标、偿债能力指标、营运能力指标及发展能力指标的计算与分析，了解财务分析与财务评价的相关关系，掌握财务报表综合分析的技术和方法，并能在实践中加以应用，以达到全面准确地评价企业经营业绩的目的。

项目十九　财务报告综合分析

任务 19－1　了解财务分析基础

案例导入

A 公司本年用 1 000 万资金赚取 100 万元利润，上年用 200 万元资金赚 90 万元利润；B 公司在上年利润增长了 30%，本年利润仅增长 10%。

问题：根据上述资料能否判断 A 公司哪一年表现较好，B 公司本年经营管理不好呢？请利用比率分析法进行解释。

基础知识

财务报表分析又称财务分析，是通过收集、整理企业财务会计报告中的有关数据，并结合其他有关补充信息，对企业的财务状况、经营成果和现金流量情况进行综合比较和评价，为财务会计报告使用者提供管理决策和控制依据的一项管理工作。

一、财务报表分析的作用

财务报表能够全面反映企业的财务状况、经营成果和现金流量情况，但是单纯从财务报表上的数据还不能直接或全面说明企业的财务状况，特别是不能说明企业经营状况的好坏和经营成果的高低，只有将企业的财务指标与有关的数据进行比较才能说明企业财务状况所处的地位，因此要进行财务报表分析。

做好财务报表分析工作，可以正确评价企业的财务状况、经营成果和现金流量情况，揭示企业未来的报酬和风险；可以检查企业预算完成情况，考核经营管理人员的业绩，为建立健全合理的激励机制提供帮助；可以为不同的利益主体提供不同内容的信息服务。

二、财务分析的基本内容

财务报表分析是由不同的使用者进行的，他们各自有不同的分析重点，也有共同的要求。从企业总体来看，财务报表分析的基本内容，主要包括以下四个方面：评价企业的偿债能力，分析企业权益的结构，估量对债务资金的利用程度；评价企业资产的营运能力，分析企业资产的分布情况和周转使用情况；评价企业的盈利能力，分析企业利润目标的完成情况和不同年度盈利水平的变动情况；评价企业的发展能力，分析企业的经济实力和经济能力持续发展的趋势。

以上四个方面的分析内容互相联系，互相补充，可以综合描述出企业生产经营的财务状况、经营成果、现金流量情况以及企业今后的发展状况，以满足不同使用者对会计信息的基本需要。其中偿债能力是企业财务目标实现的稳健保证，而营运能力是企业财务目标实现的物质基础，盈利能力则是前两者共同作用的结果，同时也对前两者的增强起推动作用，发展能力则是衡量和评价企业持续发展的根据。

案例分析

不能。A公司如果不理会利润背后所需的资金的话，今年利润比去年多，但全面比较来看，则今年反不如去年，因为要多用800万资金才能多赚10万元；如果B公司以往的利润一直高速增长，而2002年增速突然放缓，说明要查找企业利润增速放慢的原因，这就是纵向比较；如果和同行业的其他公司的平均水平比较，发现该公司利润增长速度相对于别的公司是比较高的，说明企业的效益还是不错的，可能是由于整个市场环境发生了较大的变化或波动，这就需要从宏观上找原因，这种比较分析属于横向比较。由此可见，比率分析法就是简单地利用财务报告中各数字的互相关系（即比率），再与去年的比率或同类型公司作较全面性的比较。

任务19－2　掌握偿债能力分析

案例导入

某公司2005—2008年度偿债能力指标如表6－1所示。

表6－1　偿债能力指标

财务指标	2005年	2006年	2007年	2008年
流动比率	5.33	2.65	1.93	1.77
速动比率	4.11	2.01	1.20	1.36
资产负债率	10.67%	25.33%	36.94%	37.03
现金比率	64.84%	58.39%	31.63%	29.65%

注：同行业的现金比率2005—2008年依次为28%、24%、21%、20%。

问题：依据上述指标分析该公司的偿债能力。

基础知识

偿债能力是指企业用其资产偿还长期债务与短期债务的能力。包括短期偿债能力和长期偿债能力两个方面。

一、短期偿债能力分析

短期偿债能力是指企业以流动资产对流动负债及时足额偿还的保证程度，即企业以流动资产偿还流动负债的能力。主要通过流动比率、速动比率和现金比率等指标进行分析。

1. 流动比率

流动比率是指在一定时期内企业流动资产与流动负债的比率，是衡量公司短期偿债能力最通用的指标。其计算公式为：

流动比率＝流动资产÷流动负债

企业设置的标准值为2。企业的流动比率越高，短期偿债能力越强。如果流动比率过低，则意味着企业短期偿债能力较弱。但流动比率也不宜过高，因为过高的流动比率会使企业丧失机会收益，也会影响资金的使用效率和企业的获利能力。一般情况下，营业周期、流动资产中的应收账款数额和存货的周转速度是影响流动比率的主要因素。

2. 速动比率

速动比率是指一定时期内企业的速动资产与流动负债的比率。速动资产是指现金和易于变现、可以随时用来偿还债务的那部分流动资产，一般由货币资金、短期投资、应收票据、应收账款等构成。由于扣除了流动资产中不宜变现的存货和预付账款，所以该指标比流动比率更能体现企业的偿还短期债务的能力。其计算公式为：

速动比率＝速动资产÷流动负债

企业设置的标准值为1。企业的速动比率越高，表明其短期偿债能力越强。速动比率越高，对债权人的保证程度越强，但并不表明企业有足够的现金来偿还债务，也不意味着存货就毫无价值，所以这个比率并不是绝对的。当企业存货流转顺畅，即使速动比率较低，而流动比率高，企业也仍然有能力如期偿还债务。影响速动比率的可信性的重要因素是应收账款的变现能力，因为账面上的应收账款不一定都能变现。

3. 现金比率

现金比率是指一定时期内企业的现金以及现金等价物与流动负债的比率。它最能直接反映企业可以随时偿还短期债务的能力。其计算公式为：

现金比率＝（货币资金＋有价证券）÷流动负债

该指标数值越高，说明企业短期偿债能力越强，但过高的现金比率意味着企业资金使用效果不佳，资金分布不合理，因为现金往往是企业中收益率最低的资产，企业不应将大量资产停留在现金上。

二、长期偿债能力分析

长期偿债能力是指企业有无足够的能力偿还长期负债的本金和利息。主要通过资产负债率、已获利息倍数等指标进行分析。

1. 资产负债率

资产负债率也称负债比率，是指企业负债总额与资产总额的比率。它表明在企业全部资产中，由债权人提供的资金所占的比重，该指标用来衡量企业对债权人权益的保障程度，是显示企业财务风险的重要指标。其计算公式为：

资产负债率＝负债总额÷资产总额

企业设置的标准值为0.7。该指标越低，表明企业偿债能力越强。负债比率越大，企业面临的财务风险越大，获取利润的能力也越强。但如果企业资金不足，依靠欠债维持，导致资产负债率特别高，偿债风险就应该特别注意了。一般来说，资产负债率在60%～70%，比较合理、稳健；达到85%及以上时，应视为发出预警信号，应引起足够的注意。

2. 已获利息倍数

已获利息倍数是指举债经营企业的息税前利润与所支付利息费用之间的倍数关系。该指标能测定企业以获取的利润承担借款利息的能力，是评价债权人投资风险程度的重要指标之一。其计算公式为：

已获利息倍数＝（利润总额＋利息费用）÷利息费用

企业设置的标准值为2.5。企业要有足够大的息税前利润，才能保证负担得起资本化利息。该指标越高，说明企业的债务利息压力越小。从长期来看，利息保障倍数至少应大于1，企业长期债务才有保障偿还。

案例分析

总的来说偿债能力很强，尤其是2005和2006年流动比率越过2，速动比率超过了1。但是这也是资金利用效率低的表现。尽管2007和2008年的流动比率和速动比率都有所下降，但不影响偿债能力，并且资金利用率上升了。资产负债率不断上升，导致长期偿债能力有所降低，但是资产负债率没有超过50%，长期偿债能力依然很强。现金流动比率不断下降，说明该企业短期偿债能力下降，但如果与行业值相比，2005年64.84%的现金比率与同行业相比过高，资金利用率低下；而且2008年29.65%的现金比率也高于同行业，所以不会出现财务风险。

任务19－3　掌握营运能力分析

案例导入

某公司2005—2008年度营运能力指标见表6－2。

表6－2　营运能力指标

财务指标	2005年	2006年	2007年	2008年	2008年同行业
总资产周转率	2.38	2.57	3.00	2.60	2.55
存货周转率（次）	16.85	15.15	11.16	9.78	6.80
存货周转天数	21.37	23.79	32.25	36.85	18.75
应收账款周转率	16.76	16.47	30.24	44.28	26.71

问题：依据上述指标分析该公司的营运能力。

基础知识

营运能力是指通过企业生产经营资金周转速度的有关指标所反映出来的企业资金利用的效率。营运能力分析包括流动资产周转情况分析、固定资产周转情况分析和总资产周转情况分析。

一、流动资产周转情况分析

反映流动资产周转情况的指标主要有应收账款周转率、存货周转率和流动资产周转率。

1. 应收账款周转率

应收账款周转率是一定时期内赊销收入净额与应收账款平均余额的比率。有两种表示方法，一种是应收账款在一定时期内（通常为1年）的周转次数即应收账款周转率（次）；另一种是企业从取得应收账款的权利到收回款项、转换为现金所需要的时间，即应收账款的周转天数。其计算公式如下：

应收账款周转率（次）=赊销收入净额/［（期初应收账款+期末应收账款）/2］

赊销收入净额=销售收入-现销收入-销售退回-销售折让

应收账款周转天数=计算期天数/应收账款周转率（次）

应收账款周转率越高，说明其收回越快；反之，说明营运资金过多呆滞在应收账款上，影响正常资金周转及偿债能力。分析应收账款周转率，要与企业的经营方式结合考虑。以下几种情况使用该指标不能反映实际情况：①季节性经营的企业；②大量使用分期收款结算方式；③大量使用现金结算的销售；④年末大量销售或年末销售大幅度下降。

2. 存货周转率

存货周转率是一定时期内企业销货成本与存货平均余额间的比率。有两种表示方法，一种是存货在一定时期内（通常为1年）的周转次数即存货周转率（次）；另一种是企业购入存货、投入生产到销售出去所需要的天数，即存货的周转天数。其计算公式如下：

存货周转率（次）=产品销售成本/［（期初存货+期末存货）/2］

存货周转天数=计算期天数/存货周转率

在存货平均水平一定的条件下，存货周转率越高越好。提高存货周转率，缩短营业周期，可以提高企业的变现能力。它不仅影响企业的短期偿债能力，也是整个企业管理的重要内容。

3. 流动资产周转率

流动资产周转率是反映企业流动资产周转速度的指标。有两种表示方法，一种是在一定时期（通常为1年）流动资产周转次数，即流动资产周转率（次）；另一种流动资产周转一次所需天数，即流动资产周转天数。其计算公式为：

流动资产周转率（次）=销售收入/［（期初流动资产+期末流动资产）/2］

流动资产周转天数=计算期天数/流动资产周转率（次）

在一定时期内，流动资产周转次数越多，表明以相同的流动资产完成的周转额越多，流动资产利用的效果越好。分析流动资产周转率要结合存货、应收账款一并进行分析，和反映盈利能力的指标结合在一起使用，可全面评价企业的盈利能力。

二、固定资产周转情况分析

固定资产周转率是指企业年销售收入净额与固定资产平均净值的比率。它是反映企业固定资产周转情况，从而衡量固定资产利用效率的一项指标。其计算公式为：

固定资产周转率（次）=营业收入净额/［（期初固定资产净值+期末固定资产净值）/2］

固定资产周转率高，表明企业固定资产利用充分，同时也能表明企业固定资产投资得当，固定资产结构合理，能够充分发挥效率；反之，如果固定资产周转率不高，则表明固定资产使用效率不高，提供的生产成果不多，企业的营运能力不强。运用固定资产周转率时，需要考虑固定资产净值因计提折旧而逐年减少、因更新重置而突然增加的影响；在不同企业间进行分析比较时，还要考虑采用不同折旧方法对净值的影响等。

三、总资产周转情况分析

总资产周转率是企业销售收入净额与资产总额的比率，反映了企业总资产在一定时期内创造了多少营业收入或周转额，是评价企业全部资产营运能力的最有代表性的指标。其计算公式如下：

总资产周转率=销售收入/［（期初资产总额+期末资产总额）/2］

这一比率可用来分析企业全部资产的使用效率。总资产周转越快，说明销售能力越强；如果这个比率较低，则说明企业利用全部资产进行经营的效率较差，最终会影响企业的获利能力。和反映盈利能力的指标一起使用，还能全面评价企业的盈利能力。

案例分析

存货周转率有所下降，但与同行业相比还是很高的；应收账款周转率2005年和2006年比较低，但是2007年和2008年的应收账款周转率大幅提高，现金流状况得到改善；总资产周转率比较稳定，而且略高于行业水平。总的来说，该企业的营运资金比较充足。

任务19-4　掌握盈利能力分析

案例导入

某公司2005—2008年度盈利能力指标见表6-3。

表6-3　盈利能力指标

财务指标	2005年	2006年	2007年	2008年
资产收益率	3.53%	3.70%	5.75%	6.28%
净资产收益率	4.27%	5.42%	10.20%	11.34%
营业毛利率	11.76%	14.04%	19.01%	23.13%
营业净利率	7.50%	8.85%	12.22%	15.12%

问题：依据上述指标分析该公司的盈利能力。

基础知识

盈利是企业重要的经营目标，是企业生存和发展的物质基础，企业的所有者、债权人以及经营管理者都非常关心企业的盈利能力。盈利能力是指企业在一定时期内获取利润的能力，它是评价企业经营管理水平的重要依据。盈利能力分析主要通过不同的利润率分析来满足各方面对财务信息的需求，包括销售盈利能力分析、资本与资产经营盈利能力分析和上市公司盈利能力分析。

一、销售盈利能力分析

销售盈利能力指标是财务报表使用者较为关注的能力指标，也是考核同一行业管理水平的重要依据。反映销售盈利能力的指标主要包括营业毛利率、营业利润率、营业净利率等。

1. 营业毛利率

营业毛利率是指营业毛利与营业收入的比率，营业毛利是企业营业收入扣除营业成本与营业税金及附加后的差额，反映了企业在销售环节获利的效率。其计算公式为：

营业毛利率＝营业毛利÷营业收入净额×100%

通常，营业毛利率指标越高，企业的销售盈利能力就越强，其产品在市场上的竞争能力也越强。营业毛利率的高低与企业产品定价政策有关，并且，不同行业间的营业毛利率有很大差别。为了公正地评价企业的盈利能力，应将该指标与行业的平均水平或先进水平进行比较，并结合企业的目标毛利率来分析，以便更好地发现问题并寻找原因，以提高企业的盈利能力。

2. 营业利润率

营业利润率是企业营业利润与营业收入的比率，反映了企业成熟产品的销售盈利能力。营业利润率是衡量企业创利能力高低的一个重要财务指标。其计算公式为：

营业利润率＝营业利润÷营业收入净额×100%

该比率越高，表明企业的营业活动为社会创造的价值越多，贡献也就越大。同时，该指标也反映了企业经营活动获利能力的高低。营业利润率的水平高低与行业有关，因此，在分析时应参照同行业的平均水平或先进水平进行评价。

3. 营业净利率

营业净利率是指企业净利润与营业收入的比率。其计算公式为：

营业净利率＝净利润÷营业收入净额×100%

通常，营业净利率指标越高，说明企业销售的盈利能力越强。但也并不是说营业净利率越高越好，还必须结合企业的销售增长情况和净利润的变动情况，因而不能简单地通过这一比率来说明企业管理水平的高低。另外，营业净利率指标的高低还要结合行业的特点，不同行业的企业间的营业净利率大不相同。

二、资本经营与资产经营盈利能力分析

对资本经营与资产经营盈利能力的分析，主要通过分析净资产收益率和总资产报酬率来进行。

1. 净资产收益率

净资产收益率是企业的净利润与平均净资产的比率，是反映投资者的资本获利能力的指

标。其计算公式为：

净资产收益率＝净利润÷平均净资产×100%

这一比率越高，说明企业运用资本创造利润的效果越好；反之，则说明资本的利用效果较差。

2. 总资产报酬率

总资产报酬率是指企业在一定时期内息税前利润与平均总资产的比率。主要用来衡量企业利用总资产获得利润的能力，它反映了企业总资产的利用效率。其计算公式为：

总资产报酬率＝（利润总额＋利息支出）÷平均总资产×100%

总资产报酬率的高低验证了企业经营管理水平的高低，在分析这一指标时，通常要结合同行业平均水平或先进水平，以及企业前期的水平进行对比分析，才能判断企业总资产报酬率的变动对企业的影响，从而了解企业总资产的利用效率，发现企业在经营管理中存在的问题，挖掘潜力，调整经营方针，以达到提高总资产利用效率的目的。

三、上市公司盈利能力分析

对上市公司的盈利能力的分析，主要是通过分析普通股每股收益、普通股每股股利、股利支付率以及市盈率等指标来进行。

1. 每股收益

普通股每股收益是指普通股每股利润或每股盈余，即净利润扣除分派给优先股东的利息后与发行在外的普通股的股数的比值。其计算公式为：

每股收益＝（本期净利润－优先股股利）/期末流通在外的普通股股数

每股收益反映了普通股的获利能力，是衡量上市公司盈利能力的一个重要财务指标，也是投资人最为关心的指标之一，它反映了上市公司的经营成果以及股东投资的报酬水平。该指标值越高，表明每股股票所获得的利润就越多，股东的投资效益就越好；反之则越差。

2. 每股股利

每股股利是指普通股股利总额与发行在外的普通股股数的比值。表明在某一时期内每股普通股能够获得的股利收益。其计算公式为：

每股股利＝普通股股利总额÷发行在外的普通股股数

公式中的股利总额是指用于分配普通股的现金股利总额。每股股利的高低取决于上市公司盈利能力的强弱，同时，公司的股利分配政策是否完善以及现金是否充沛也决定了每股股利的高低。

3. 股利支付率

股利支付率也称股利发放率，是指普通股每股股利与每股收益的比率，用于衡量普通股的每股收益中有多少用于支付股利。其计算公式为：

股利支付率＝每股股利÷每股收益×100%

该指标反映了普通股股东从每股收益中实际分到了多少收益，即上市公司在当年的净利润中拿出多少利润分配给股东，它是比每股收益更能直接体现的收益。该比率越大，说明公司当期对股东发放的股利越多。股利支付率主要取决于公司的股利分配政策，其大小并不能表明企业的经济效益。当然，企业的经营政策在很大程度上也影响着股利的分配政策。

4. 市盈率

市盈率是指普通股每股市价与每股收益的比值，是衡量上市公司盈利能力的重要指标之一。它反映了投资者对每1元净利润所愿支付的价格，可以用来估计股票的投资报酬与风险。其计算公式为：

市盈率 = 普通股每股市价 ÷ 普通股每股收益

市盈率指标较高说明上市公司具有潜在的成长能力。一般说来，市盈率越高，公众对该公司的股票评价越高，但投资风险也会加大。分析市盈率时应结合其他相关指标，因为某些异常的原因也会引起股票市价的变动，造成市盈率的不正常变动。另外，该指标不应用于不同行业公司间的比较。

案例分析

该公司从2005年到2008年的盈利能力持续上升，尤其是2007年上升较快。另外，还可与同行业进行比较，确定在行业里的位置。

任务19－5　掌握发展能力分析

案例导入

某公司2006—2008年度发展能力指标见表6－4。

表6－4　发展能力指标

财务指标	2006年	2007年	2008年
营业利润率	16.72%	19.76%	18.24%
营业增长率	—	－0.56%	1.92%
可持续增长率	12.05%	9.27%	13.25%

问题：依据上述指标分析该公司的发展能力。

基础知识

发展能力是指企业通过自身的生产经营活动，用内部形成的资金不断扩大积累而形成的发展潜能。主要通过营业增长率、总资产增长率和可持续增长率等指标进行分析。

一、营业增长率

营业增长率是指企业一定时期营业收入增长额与前期营业收入的比率。它表明企业营业收入的增减变动情况，是评价企业发展能力的重要指标，其计算公式为：

营业增长率 = 本期营业收入增长额 ÷ 上期营业收入 × 100%

该指标越高，表明企业的产品适销对路，价格合理，产品质量和性能得到了社会的认可，企业未来有较好的发展前景。如果该指标降低，则说明企业未来的发展令人担忧。

二、总资产增长率

总资产增长率是指企业一定时期总资产增长额与期初资产总额的比率。该指标用资产规模来衡量企业的发展能力，表明企业规模增长水平对企业发展的影响，其计算公式为：

总资产增长率 = 本期总资产增长额 ÷ 期初资产总额 ×100%

该指标越高，表明企业一定经营周期内的资产规模的扩张速度越快。如果企业能在一个较长时期内持续稳定地保持总资产的增长，则有助于企业增强竞争实力。

三、可持续增长率

可持续增长率是指企业在保持目前经营策略和财务策略的情况下能够实现的增长速度。它与企业的融资和股利政策密切相关。其计算公式为：

可持续增长率 = 净资产收益率 × （1 – 股利支付率）

可持续增长率越高，表明企业收益的未来增长速度越快；反之，则表明企业收益的未来增长速度越慢。

案例分析

2006 年，该公司的可持续增长率是 12.05%，表明其能在 2006 年支持的营业增长率为 12.05%，实际上 2005 年 12.05% 的实际营业增长率下降了 0.56%；2007 年该公司可持续增长率为 9.27%，表明其能在 2008 年支持的营业增长率为 9.27%，而实际上 2008 年该公司的实际营业增长率仅为 1.92%。总的说来，公司实际增长没有达到可持续增长的程度，资金有剩余。

项目二十 财务报告综合分析的应用

任务 20 – 1 掌握杜邦财务分析体系

案例导入

A 公司 2006—2008 年度净资产收益率因素分解表见表 6 – 5。

表 6 – 5 净资产收益率因素分解表

财务指标	A 公司			本行业同类企业		
	2006 年	2007 年	2008 年	2006 年	2007 年	2008 年
营业利润率	1.58	2.14	2.75	1.17	1.34	1.80
总资产周转率	2.57	3.00	2.60	2.16	2.54	2.20
权益乘数	1.34	1.59	1.59	1.86	2.13	1.92
净资产收益率	5.43	10.20	11.34	4.72	7.25	7.60

问题：依据上述指标分析该公司的财务状况。

基础知识

杜邦财务分析体系又称杜邦分析法，它是利用各个主要财务比率之间的内在联系，综合地分析和评价企业财务状况和经营成果的方法。该方法最初是由美国杜邦公司的经理创造的，故称为杜邦财务分析体系。

一、杜邦财务分析体系的主要特点

杜邦模型最显著的特点是，将若干个用以评价企业经营效率和财务状况的比率按其内在联系有机地结合起来，形成一个完整的指标体系，并最终通过权益收益率来综合反映。采用这一方法，可使财务比率分析的层次更清晰、条理更突出，为报表分析者全面仔细地了解企业的经营和盈利状况提供方便。

二、杜邦财务分析体系的作用

杜邦财务指标体系的作用在于解释指标变动的原因和变动趋势。即通过自上而下地分析、指标的层层分解来揭示出企业各项指标间的结构关系，查明各主要指标的影响因素，为决策者优化经营理财状况，提高企业经营效率提供思路。

三、杜邦财务分析指标体系图

根据相关资料做出某公司杜邦财务分析的基本结构图。

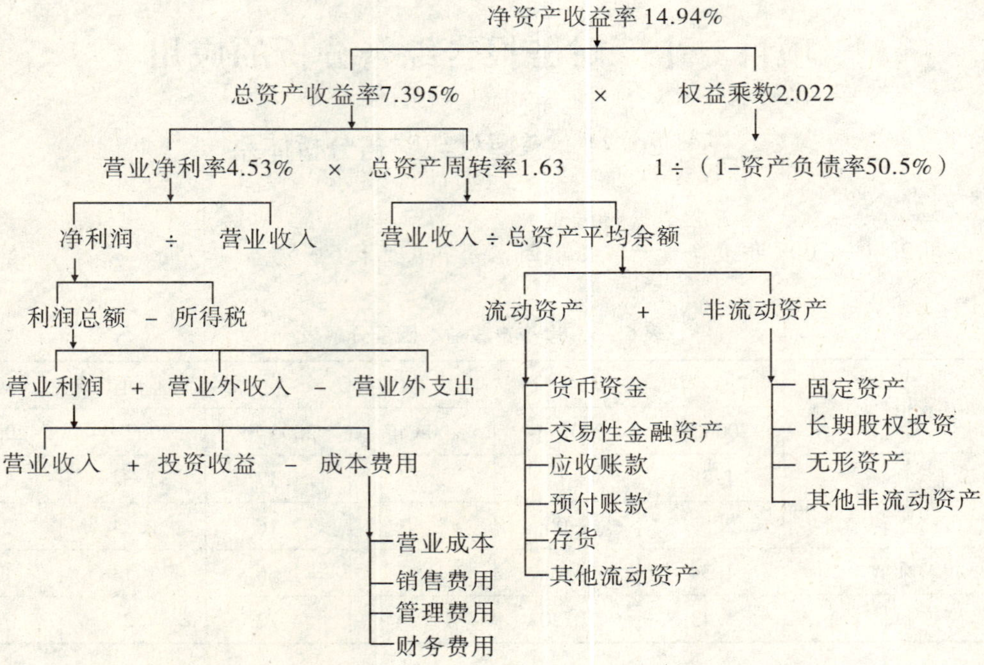

在杜邦财务分析体系中，主要指标之间的关系如下：

净资产收益率 = 主营业务净利率 × 总资产周转率 × 权益乘数

其中：主营业务净利率 = 净利润 ÷ 主营业务收入净额

总资产周转率 = 主营业务收入净额 ÷ 平均资产总额

权益乘数 = 总资产总额 ÷ 所有者权益总额 = 1 ÷ (1 − 资产负债率)

四、杜邦财务分析体系主要指标的阅读

1. 净资产收益率

净资产收益率是一个综合性最强的财务分析指标，是杜邦分析系统的核心。

2. 资产净利率

资产净利率是影响权益净利率的最重要的指标，具有很强的综合性，而资产净利率又取决于销售净利率和总资产周转率的高低。总资产周转率是反映总资产的周转速度。对资产周转率的分析，需要对影响资产周转的各因素进行分析，以判明影响公司资产周转的主要问题在哪里。销售净利率反映销售收入的收益水平。扩大销售收入，降低成本费用是提高企业销售利润率的根本途径，而扩大销售，同时也是提高资产周转率的必要条件和途径。

3. 权益乘数

权益乘数表示企业的负债程度，反映了公司利用财务杠杆进行经营活动的程度。资产负债率高，权益乘数就大，这说明公司负债程度高，公司会有较多的杠杆利益，但风险也高；反之，资产负债率低，权益乘数就小，这说明公司负债程度低，公司会有较少的杠杆利益，但相应所承担的风险也低。

五、杜邦分析法的步骤

第一步，从权益报酬率开始，根据会计资料（主要是资产负债表和利润表）逐步分解计算各指标。

第二步，将计算出的指标填入杜邦分析图。

第三步，逐步进行前后期对比分析，也可以进一步进行企业间的横向对比分析。

案例分析

通过分析可以看到2007年A公司净资产收益率增长的幅度比较大，是营业利润率、总资产周转率和权益数共同增长的结果；由于资产使用效率的降低，使收益增长幅度不大，造成2008年净资产收益率增长的幅度比较小。至于是销售不佳还是成本费用过大，可进一步通过分解指标揭示。

与本行业同类企业指标相比，A公司在电器行业处于领先的地位，无论是营业利润率还是资产周转率都高于同行业水平，但财务杠杆运用得不是很充分，资金利用率不高。这说明A公司还有很大的发展空间，今后的发展可以从下面两方面考虑：一是加速资产的使用效率，提高营业利润率；二是充分利用财务杠杆效应，因为其财务杠杆低于同行业水平。

任务20－2　掌握综合评分法

案例导入

根据某公司2008年的主要财务比率指标编制的综合分析表，如表6－6所示。

表6－6　财务比率综合分析表

指标	权重	标准值	实际值	单项指数	综合指数
流动比率	15%	2	2.013	0.993 5	14.90%
速动比率	10%	1	0.675	0.675 0	6.75%
资产负债率	10%	40%	28.30%	0.707 5	7.08%
应收账款周转率（次）	5%	6	4.8	0.800 0	4.00%
存货周转率（次）	10%	3	3.4	1.020 0	10.20%
总资产周转率（次）	15%	1	0.93	0.930 0	13.95%
销售周转率	10%	20%	21%	1.050 0	10.50%
成本费用利润率	15%	25%	27.30%	1.092 0	16.38%
资本金利润率	10%	35%	35%	1.000 0	10.00%
合计	100%				93.76%

问题：请根据上表综合评价该公司财务状况。

基础知识

一、综合评分法的起源

综合评分法的先驱者之一是美国的亚历山大·沃尔教授。他在其20世纪初出版的两本著作《信用晴雨表研究》和《财务报表比率分析》中提出了信用能力指数的概念，他把选定的7个财务比率用线性关系结合起来。按其重要程度分别给定各自在总评价中占的比重（即权数），设定总权数为100分，再根据标准比率与企业实际比率的对比，最后求出总分值，据以评价企业的财务状况。这就是沃尔财务状况综合评价法。我们现在通常采用的综合评分法，是对沃尔比重评分法的进一步改进。

二、综合评分法的步骤

各种财务比率分别反映了企业会计报表中各项目之间的对比关系，但是，每项财务比率只能反映某一方面的情况。为了获得一个总的认识，可以运用指数法计算一个综合指数。运用指数法编制综合分析表的程序如下：

1. 选择评价企业财务状况的指标

评价指标的选择要根据评价对象和评价目的的不同而有所不同。通常要选择能够说明问题的重要指标，由于偿债能力、营运能力和获利能力三类比率指标能从不同侧面反映财务状况，故应分别从中选择若干具有代表性的重要指标。

2. 确定各项业绩指标的标准值

财务指标的标准值是指各该指标在本企业现时条件下的最理想的数值，即最优值。标准值的确定主要参考两个内容：一是采用国际上通用的指标标准；二是参考我国企业近三年的平均值。

3. 确定各项业绩指标的权重

各项经济指标权数应依据各指标的重要程度而定。各项比率指标的权重之和应等于1。一般来说，某项经济指标越重要，其权数就越大；反之，其权数就越小。重要程度的判断，需根据企业经营状况，一定时期的管理要求，企业所有者、债权人和经营者的意向而定。

4. 计算各项业绩指标的实际值

各指标的实际值的计算见前述有关各节。

5. 计算各项业绩指标的单项指数

单项指数是指各项经济指标的实际值与标准值之间的比值，计算时要区分不同情况，采用不同的方法。

（1）当指标是正指标或反指标时，其计算公式为：

$$单项指数 = 指标实际值 \div 指标标准值$$

如果经济指标为正指标，单项指数越高越好；如果经济指标为反指标，单项指数越低越好。

（2）如果某一经济指标既不是正指标，又不是反指标，如资产负债率、流动比率、速动比率等，其计算公式为：

$$单项指数 = （指标标准值 - 实际值与标准值差额的绝对值） \div 指标标准值$$

6. 计算综合指数

综合指数是以单项指数为基础，乘以各指标权数所得到的一个加权平均数，其计算公式为：

$$综合经济指数 = \sum （某指标单项指数 \times 该指标权数）$$

7. 综合指数评价

一般情况下，综合指数达到或接近于100%，说明企业经营总体水平达到了标准要求，如果与100%有较大的差距，则表明企业财务状况偏离标准要求。该指标越高，说明企业经济效益水平越高；指标越低，说明企业经营业绩水平越低。

采用综合评分法评价企业财务状况，关键在于正确确定重要性系数（权重）和标准值这两项重要因素。这两项因素的确定，常有较大的主观性，所以要根据历史经验和现时情况，合理加以确定，才能得出正确的结果。

案例分析

该公司中各项比率指标综合指数合计数为93.76%，这说明该企业的财务状况与标准要求存在一定的差距。从单项指数中可以看出，该企业除存货周转率、销售利润率、成本费用利润率、资本金利润率的关系比率大于100%，其余五项指标的指数均小于100%，反映企业在资产营运方面还存在一些问题。

单元小结

本章介绍了财务报表综合分析的目的、内容，从不同的角度对企业的盈利能力、偿债能力、营运能力、发展能力进行了分析，形成了综合反映企业经营业绩的财务指标体系，有助于报表使用者全面地分析、评价企业整体的财务状况、经营成果以及现金流量的情况。并分别介绍了杜邦财务分析体系、综合评分法的内涵及应用。通过案例分析，将理论与实践有效地结合到一起，对本教材内容进行了融会贯通。

综合练习

（一）单选题

1. 财务报表综合分析的核心是（　　）。

A. 盈利能力　　B. 营运能力

C. 偿债能力　　D. 发展能力

2. 反映资本经营盈利能力的指标是（　　）。

A. 营业利润率　　B. 净资产收益率

C. 总资产报酬率　　D. 股利支付率

3. 以下对市盈率的认识表述正确的是（　　）。

A. 过高的市盈率蕴含着较高的风险　　B. 过高的市盈率意味着较低的风险

C. 市盈率越高越好　　D. 市盈率越低越好

4. 计算应收账款周转率时应使用的收入指标是（　　）。

A. 主营业务收入　　B. 赊销净额

C. 销售收入　　D. 营业利润

5. （　　）指标是评价上市公司获利能力的基本核心指标。

A. 每股收益　　B. 净资产收益率

C. 每股市价　　D. 每股净资产

6. 杜邦分析法的龙头是（　　）。

A. 资产净利润　　B. 权益乘数

C. 销售净利率　　D. 净资产收益率

7. 某产品的销售单价是180元，单位成本是120元，本月实现销售2 500件，则本月实现的毛利额为（　　）元。

A. 300 000　　B. 450 000

C. 750 000　　D. 150 000

8. 单项指数是指各项经济指标的实际值与标准值之间的比值，它适用的经济指标为(　　)。

A. 正指标　　B. 反指标

C. 所有指标　　D. 正指标与反指标

9. 当流动比率的标准值为200%，实际值为220%时，其单项指数为（　　）。

A. 0.9　　B. 0.8

C. 0.7　　D. 0.6

10. 一般情况下，综合经济指数达到（　　），说明企业经营总体水平达到了标准要求。

A. 90%　　B. 100%

C. 80%　　D. 60%

（二）多选题

1. 财务报表综合分析指标体系中包含的综合指标有（　　）。

A. 盈利能力　　B. 偿债能力

C. 营运能力　　D. 发展能力

E. 现金支付能力

2. 盈利能力分析包含的内容有（　　）。

A. 销售盈利能力分析　　B. 资本经营盈利能力分析

C. 资产经营盈利能力分析　　D. 上市公司盈利能力分析

E. 国有资本盈利能力分析

3. 反映企业偿债能力的指标是（　　）。

A. 资产负债率　　B. 已获利息倍数

C. 流动比率　　D. 速动比率

E. 现金比率

4. 反映企业发展能力的指标有（　　）。

A. 固定资产周转率　　B. 营业增长率

C. 总资产增长率　　D. 可持续增长率

E. 社会积累率

5. 反映企业营运能力的指标是（　　）。

A. 总资产周转率　　B. 流动资产周转率

C. 固定资产周转率　　D. 存货周转率

E. 应收账款周转率

6. 杜邦分析法是利用各个主要财务比率之间的内在联系，将反映企业（　　）的比率形成了一个完整的指标体系，最终通过净资产收益率这一核心指标来全面、系统、综合地反映企业的财务状况。

A. 发展能力　　B. 偿债能力

C. 盈利能力　　D. 营运能力

E. 净资产收益率

7. 杜邦财务分析体系包含两大层次，分别对（　　）进行分解。

A. 总资产收益率　　B. 权益乘数

C. 净资产收益率　　D. 营业净利率

E. 总资产周转率

8. 净资产收益率可以分解为（　　）因素的乘积。

A. 营业净利率

B. 总资产周转率

C. 权益乘数

D. 1－股利支付率

E. 存货构成

9. 综合经济指数的计算结果取决于（　　）。

A. 实际值

B. 标准值

C. 某指标单项指数

D. 差异值

E. 该指标权数

10. 计算综合评价分数要采用（　　）和（　　）相结合的计分方法。

A. 专项

B. 定量

C. 综合

D. 定性

E. 预测

（三）判断题

1. 每股收益是评价上市公司获利能力的基本和核心指标。（　　）

2. 一般来说，企业的获利能力越强，则长期偿债能力越强。（　　）

3. 对企业市盈率高低的评价必须依据当时金融市场的平均市盈率进行，并非越高越好或越低越好。（　　）

4. 如果企业有良好的偿债能力的声誉，也能提高短期偿债能力。（　　）

5. 计算任何一项资产的周转率时，其周转额均为营业收入。（　　）

6. 依据杜邦分析原理，在其他因素不变的情况下，提高权益乘数，将提高净资产收益率。（　　）

7. 杜邦分析法最终通过净资产收益率这一核心指标来全面、系统、直观地反映企业的财务状况。（　　）

8. 权益乘数越大，净资产收益率越高，财务风险越小。（　　）

9. 所有的业绩指标单项指数都等于该经济指标的实际值与标准值之间的比值。（　　）

10. 各项经济指标权数的大小应依据各指标的重要程度而定，一般情况下，指标越重要，权数就越小。（　　）

（四）技能训练

1. 目的：练习财务指标的计算。

资料：已知华夏公司2000年的净利润额为824万元，应付优先股股利为30万元。假设该公司流通在外的普通股股数情况是1—5月1 468 700股、6—12月1 136 550股。

要求：计算公司的每股收益。

2. 目的：练习财务指标的分析。

资料：某公司上年产品销售收入为6 624万元，全部资产平均余额为2 760万元，流动资产占全部资产的比重为40%；本年产品销售收入为7 350万元，全部资产平均余额为2 940万元，流动资产占全部资产的比重为45%。

要求：根据以上资料，对全部资产周转率变动的原因进行分析。

3. 目的：练习杜邦分析法的运用。

资料：　　　　　　**某企业 2008—2009 年有关资料：**　　　　　　单位：千元

项目	2008 年	2009 年
平均总资产	2 890 379	2 880 877
平均净资产	1 538 145	1 668 006
负债	1 352 234	1 212 871
销售收入	1 253 496	1 396 902
净利润	25 410	105 973

要求：（1）按杜邦分析体系要求计算相关指标（除权益乘数和总资产周转率保留四位小数外，其余结果均保留两位小数）。

项目	2008 年	2009 年
资产负债率		
权益乘数		
销售净利率		
总资产周转率		
总资产净利率		
净资产收益率		

（2）根据分析资料和分析结果，制作 2008 年的杜邦财务分析图。
（3）根据以上结果作企业发展趋势分析和评价。

附 录

一、《中华人民共和国会计法》

（1985 年 1 月 21 日第六届全国人民代表大会常务委员会第九次会议通过　根据 1993 年 12 月 29 日第八届全国人民代表大会常务委员会第五次会议《关于修改〈中华人民共和国会计法〉的决定》修订　1999 年 10 月 31 日第九届全国人民代表大会常务委员会第十二次会议修订）

第一章　总　则

第一条　为了规范会计行为，保证会计资料真实、完整，加强经济管理和财务管理，提高经济效益，维护社会主义市场经济秩序，制定本法。

第二条　国家机关、社会团体、公司、企业、事业单位和其他组织（以下统称单位）必须依照本法办理会计事务。

第三条　各单位必须依法设置会计账簿，并保证其真实、完整。

第四条　单位负责人对本单位的会计工作和会计资料的真实性、完整性负责。

第五条　会计机构、会计人员依照本法规定进行会计核算，实行会计监督。

任何单位或者个人不得以任何方式授意、指使、强令会计机构、会计人员伪造、变造会计凭证、会计账簿和其他会计资料，提供虚假财务会计报告。

任何单位或者个人不得对依法履行职责、抵制违反本法规定行为的会计人员实行打击报复。

第六条　对认真执行本法，忠于职守，坚持原则，做出显著成绩的会计人员，给予精神的或者物质的奖励。

第七条　国务院财政部门主管全国的会计工作。

县级以上地方各级人民政府财政部门管理本行政区域内的会计工作。

第八条　国家实行统一的会计制度。国家统一的会计制度由国务院财政部门根据本法制定并公布。

国务院有关部门可以依照本法和国家统一的会计制度制定对会计核算和会计监督有特殊要求的行业实施国家统一的会计制度的具体办法或者补充规定，报国务院财政部门审核批准。

中国人民解放军总后勤部可以依照本法和国家统一的会计制度制定军队实施国家统一的会计制度的具体办法，报国务院财政部门备案。

第二章 会计核算

第九条 各单位必须根据实际发生的经济业务事项进行会计核算，填制会计凭证，登记会计账簿，编制财务会计报告。

任何单位不得以虚假的经济业务事项或者资料进行会计核算。

第十条 下列经济业务事项，应当办理会计手续，进行会计核算：

（一）款项和有价证券的收付；

（二）财物的收发、增减和使用；

（三）债权债务的发生和结算；

（四）资本、基金的增减；

（五）收入、支出、费用、成本的计算；

（六）财务成果的计算和处理；

（七）需要办理会计手续、进行会计核算的其他事项。

第十一条 会计年度自公历1月1日起至12月31日止。

第十二条 会计核算以人民币为记账本位币。

业务收支以人民币以外的货币为主的单位，可以选定其中一种货币作为记账本位币，但是编报的财务会计报告应当折算为人民币。

第十三条 会计凭证、会计账簿、财务会计报告和其他会计资料，必须符合国家统一的会计制度的规定。

使用电子计算机进行会计核算的，其软件及其生成的会计凭证、会计账簿、财务会计报告和其他会计资料，也必须符合国家统一的会计制度的规定。

任何单位和个人不得伪造、变造会计凭证、会计账簿及其他会计资料，不得提供虚假的财务会计报告。

第十四条 会计凭证包括原始凭证和记账凭证。

办理本法第十条所列的经济业务事项，必须填制或者取得原始凭证并及时送交会计机构。

会计机构、会计人员必须按照国家统一的会计制度的规定对原始凭证进行审核，对不真实、不合法的原始凭证有权不予接受，并向单位负责人报告；对记载不准确、不完整的原始凭证予以退回，并要求按照国家统一的会计制度的规定更正、补充。

原始凭证记载的各项内容均不得涂改；原始凭证有错误的，应当由出具单位重开或者更正，更正处应当加盖出具单位印章。原始凭证金额有错误的，应当由出具单位重开，不得在原始凭证上更正。

记账凭证应当根据经过审核的原始凭证及有关资料编制。

第十五条 会计账簿登记，必须以经过审核的会计凭证为依据，并符合有关法律、行政法规和国家统一的会计制度的规定。会计账簿包括总账、明细账、日记账和其他辅助性账簿。

会计账簿应当按照连续编号的页码顺序登记。会计账簿记录发生错误或者隔页、缺号、跳行的，应当按照国家统一的会计制度规定的方法更正，并由会计人员和会计机构负责人（会计主管人员）在更正处盖章。

使用电子计算机进行会计核算的，其会计账簿的登记、更正，应当符合国家统一的会计制度的规定。

第十六条　各单位发生的各项经济业务事项应当在依法设置的会计账簿上统一登记、核算，不得违反本法和国家统一的会计制度的规定私设会计账簿登记、核算。

第十七条　各单位应当定期将会计账簿记录与实物、款项及有关资料相互核对，保证会计账簿记录与实物及款项的实有数额相符、会计账簿记录与会计凭证的有关内容相符、会计账簿之间相对应的记录相符、会计账簿记录与会计报表的有关内容相符。

第十八条　各单位采用的会计处理方法，前后各期应当一致，不得随意变更；确有必要变更的，应当按照国家统一的会计制度的规定变更，并将变更的原因、情况及影响在财务会计报告中说明。

第十九条　单位提供的担保、未决诉讼等或有事项，应当按照国家统一的会计制度的规定，在财务会计报告中予以说明。

第二十条　财务会计报告应当根据经过审核的会计账簿记录和有关资料编制，并符合本法和国家统一的会计制度关于财务会计报告的编制要求、提供对象和提供期限的规定；其他法律、行政法规另有规定的，从其规定。

财务会计报告由会计报表、会计报表附注和财务情况说明书组成。向不同的会计资料使用者提供的财务会计报告，其编制依据应当一致。有关法律、行政法规规定会计报表、会计报表附注和财务情况说明书须经注册会计师审计的，注册会计师及其所在的会计师事务所出具的审计报告应当随同财务会计报告一并提供。

第二十一条　财务会计报告应当由单位负责人和主管会计工作的负责人、会计机构负责人（会计主管人员）签名并盖章；设置总会计师的单位，还须由总会计师签名并盖章。

单位负责人应当保证财务会计报告真实、完整。

第二十二条　会计记录的文字应当使用中文。在民族自治地方，会计记录可以同时使用当地通用的一种民族文字。在中华人民共和国境内的外商投资企业、外国企业和其他外国组织的会计记录可以同时使用一种外国文字。

第二十三条　各单位对会计凭证、会计账簿、财务会计报告和其他会计资料应当建立档案，妥善保管。会计档案的保管期限和销毁办法，由国务院财政部门会同有关部门制定。

第三章　公司、企业会计核算的特别规定

第二十四条　公司、企业进行会计核算，除应当遵守本法第二章的规定外，还应当遵守本章规定。

第二十五条　公司、企业必须根据实际发生的经济业务事项，按照国家统一的会计制度的规定确认、计量和记录资产、负债、所有者权益、收入、费用、成本和利润。

第二十六条　公司、企业进行会计核算不得有下列行为：

（一）随意改变资产、负债、所有者权益的确认标准或者计量方法，虚列、多列、不列或

者少列资产、负债、所有者权益；

（二）虚列或者隐瞒收入，推迟或者提前确认收入；

（三）随意改变费用、成本的确认标准或者计量方法，虚列、多列、不列或者少列费用、成本；

（四）随意调整利润的计算、分配方法，编造虚假利润或者隐瞒利润；

（五）违反国家统一的会计制度规定的其他行为。

第四章　会计监督

第二十七条　各单位应当建立、健全本单位内部会计监督制度。单位内部会计监督制度应当符合下列要求：

（一）记账人员与经济业务事项和会计事项的审批人员、经办人员、财物保管人员的职责权限应当明确，并相互分离、相互制约；

（二）重大对外投资、资产处置、资金调度和其他重要经济业务事项的决策和执行的相互监督、相互制约程序应当明确；

（三）财产清查的范围、期限和组织程序应当明确；

（四）对会计资料定期进行内部审计的办法和程序应当明确。

第二十八条　单位负责人应当保证会计机构、会计人员依法履行职责，不得授意、指使、强令会计机构、会计人员违法办理会计事项。

会计机构、会计人员对违反本法和国家统一的会计制度规定的会计事项，有权拒绝办理或者按照职权予以纠正。

第二十九条　会计机构、会计人员发现会计账簿记录与实物、款项及有关资料不相符的，按照国家统一的会计制度的规定有权自行处理的，应当及时处理；无权处理的，应当立即向单位负责人报告，请求查明原因，作出处理。

第三十条　任何单位和个人对违反本法和国家统一的会计制度规定的行为，有权检举。收到检举的部门有权处理的，应当依法按照职责分工及时处理；无权处理的，应当及时移送有权处理的部门处理。收到检举的部门、负责处理的部门应当为检举人保密，不得将检举人姓名和检举材料转给被检举单位和被检举人个人。

第三十一条　有关法律、行政法规规定，须经注册会计师进行审计的单位，应当向受委托的会计师事务所如实提供会计凭证、会计账簿、财务会计报告和其他会计资料以及有关情况。

任何单位或者个人不得以任何方式要求或者示意注册会计师及其所在的会计师事务所出具不实或者不当的审计报告。

财政部门有权对会计师事务所出具审计报告的程序和内容进行监督。

第三十二条　财政部门对各单位的下列情况实施监督：

（一）是否依法设置会计账簿；

（二）会计凭证、会计账簿、财务会计报告和其他会计资料是否真实、完整；

（三）会计核算是否符合本法和国家统一的会计制度的规定；

（四）从事会计工作的人员是否具备从业资格。

在对前款第（二）项所列事项实施监督，发现重大违法嫌疑时，国务院财政部门及其派出机构可以向与被监督单位有经济业务往来的单位和被监督单位开立账户的金融机构查询有关情况，有关单位和金融机构应当给予支持。

第三十三条　财政、审计、税务、人民银行、证券监管、保险监管等部门应当依照有关法律、行政法规规定的职责，对有关单位的会计资料实施监督检查。

前款所列监督检查部门对有关单位的会计资料依法实施监督检查后，应当出具检查结论。有关监督检查部门已经作出的检查结论能够满足其他监督检查部门履行本部门职责需要的，其他监督检查部门应当加以利用，避免重复查账。

第三十四条　依法对有关单位的会计资料实施监督检查的部门及其工作人员对在监督检查中知悉的国家秘密和商业秘密负有保密义务。

第三十五条　各单位必须依照有关法律、行政法规的规定，接受有关监督检查部门依法实施的监督检查，如实提供会计凭证、会计账簿、财务会计报告和其他会计资料以及有关情况，不得拒绝、隐匿、谎报。

第五章　会计机构和会计人员

第三十六条　各单位应当根据会计业务的需要，设置会计机构，或者在有关机构中设置会计人员并指定会计主管人员；不具备设置条件的，应当委托经批准设立从事会计代理记账业务的中介机构代理记账。

国有的和国有资产占控股地位或者主导地位的大、中型企业必须设置总会计师。总会计师的任职资格、任免程序、职责权限由国务院规定。

第三十七条　会计机构内部应当建立稽核制度。

出纳人员不得兼任稽核、会计档案保管和收入、支出、费用、债权债务账目的登记工作。

第三十八条　从事会计工作的人员，必须取得会计从业资格证书。

担任单位会计机构负责人（会计主管人员）的，除取得会计从业资格证书外，还应当具备会计师以上专业技术职务资格或者从事会计工作三年以上经历。

会计人员从业资格管理办法由国务院财政部门规定。

第三十九条　会计人员应当遵守职业道德，提高业务素质。对会计人员的教育和培训工作应当加强。

第四十条　因有提供虚假财务会计报告，做假账，隐匿或者故意销毁会计凭证、会计账簿、财务会计报告，贪污，挪用公款，职务侵占等与会计职务有关的违法行为被依法追究刑事责任的人员，不得取得或者重新取得会计从业资格证书。

除前款规定的人员外，因违法违纪行为被吊销会计从业资格证书的人员，自被吊销会计从业资格证书之日起五年内，不得重新取得会计从业资格证书。

第四十一条　会计人员调动工作或者离职，必须与接管人员办清交接手续。

一般会计人员办理交接手续，由会计机构负责人（会计主管人员）监交；会计机构负责人（会计主管人员）办理交接手续，由单位负责人监交，必要时主管单位可以派人会同监交。

第六章 法律责任

第四十二条 违反本法规定，有下列行为之一的，由县级以上人民政府财政部门责令限期改正，可以对单位并处三千元以上五万元以下的罚款；对其直接负责的主管人员和其他直接责任人员，可以处二千元以上二万元以下的罚款；属于国家工作人员的，还应当由其所在单位或者有关单位依法给予行政处分：

（一）不依法设置会计账簿的；

（二）私设会计账簿的；

（三）未按照规定填制、取得原始凭证或者填制、取得的原始凭证不符合规定的；

（四）以未经审核的会计凭证为依据登记会计账簿或者登记会计账簿不符合规定的；

（五）随意变更会计处理方法的；

（六）向不同的会计资料使用者提供的财务会计报告编制依据不一致的；

（七）未按照规定使用会计记录文字或者记账本位币的；

（八）未按照规定保管会计资料，致使会计资料毁损、灭失的；

（九）未按照规定建立并实施单位内部会计监督制度或者拒绝依法实施的监督或者不如实提供有关会计资料及有关情况的；

（十）任用会计人员不符合本法规定的。

有前款所列行为之一，构成犯罪的，依法追究刑事责任。

会计人员有第一款所列行为之一，情节严重的，由县级以上人民政府财政部门吊销会计从业资格证书。

有关法律对第一款所列行为的处罚另有规定的，依照有关法律的规定办理。

第四十三条 伪造、变造会计凭证、会计账簿，编制虚假财务会计报告，构成犯罪的，依法追究刑事责任。

有前款行为，尚不构成犯罪的，由县级以上人民政府财政部门予以通报，可以对单位并处五千元以上十万元以下的罚款；对其直接负责的主管人员和其他直接责任人员，可以处三千元以上五万元以下的罚款；属于国家工作人员的，还应当由其所在单位或者有关单位依法给予撤职直至开除的行政处分；对其中的会计人员，并由县级以上人民政府财政部门吊销会计从业资格证书。

第四十四条 隐匿或者故意销毁依法应当保存的会计凭证、会计账簿、财务会计报告，构成犯罪的，依法追究刑事责任。

有前款行为，尚不构成犯罪的，由县级以上人民政府财政部门予以通报，可以对单位并处五千元以上十万元以下的罚款；对其直接负责的主管人员和其他直接责任人员，可以处三千元以上五万元以下的罚款；属于国家工作人员的，还应当由其所在单位或者有关单位依法给予撤职直至开除的行政处分；对其中的会计人员，并由县级以上人民政府财政部门吊销会计从业资格证书。

第四十五条　授意、指使、强令会计机构、会计人员及其他人员伪造、变造会计凭证、会计账簿，编制虚假财务会计报告或者隐匿、故意销毁依法应当保存的会计凭证、会计账簿、财务会计报告，构成犯罪的，依法追究刑事责任；尚不构成犯罪的，可以处五千元以上五万元以下的罚款；属于国家工作人员的，还应当由其所在单位或者有关单位依法给予降级、撤职、开除的行政处分。

第四十六条　单位负责人对依法履行职责、抵制违反本法规定行为的会计人员以降级、撤职、调离工作岗位、解聘或者开除等方式实行打击报复，构成犯罪的，依法追究刑事责任；尚不构成犯罪的，由其所在单位或者有关单位依法给予行政处分。对受打击报复的会计人员，应当恢复其名誉和原有职务、级别。

第四十七条　财政部门及有关行政部门的工作人员在实施监督管理中滥用职权、玩忽职守、徇私舞弊或者泄露国家秘密、商业秘密，构成犯罪的，依法追究刑事责任；尚不构成犯罪的，依法给予行政处分。

第四十八条　违反本法第三十条规定，将检举人姓名和检举材料转给被检举单位和被检举人个人的，由所在单位或者有关单位依法给予行政处分。

第四十九条　违反本法规定，同时违反其他法律规定的，由有关部门在各自职权范围内依法进行处罚。

第七章　附　则

第五十条　本法下列用语的含义：

单位负责人，是指单位法定代表人或者法律、行政法规规定代表单位行使职权的主要负责人。

国家统一的会计制度，是指国务院财政部门根据本法制定的关于会计核算、会计监督、会计机构和会计人员以及会计工作管理的制度。

第五十一条　个体工商户会计管理的具体办法，由国务院财政部门根据本法的原则另行规定。

第五十二条　本法自 2000 年 7 月 1 日起施行。

二、会计报表附注内容提要

企业应当按照规定披露附注信息。其中：中央管理企业集团除按规定向财政部上报企业年度财务会计决算报表、财务状况说明书等内容外，还应上报企业合并财务会计决算报表附注。主要包括下列内容：

一、企业集团的基本情况

（一）企业注册地、组织形式和总部地址。

（二）企业的业务性质和主要经营活动。

（三）母公司以及集团最终母公司的名称。

二、财务报表的编制基础

三、遵循企业会计准则的声明

企业是否执行新的《企业会计准则》，编制的财务报表是否符合企业会计准则及有关财务会计制度的要求，真实、完整地反映了企业的财务状况、经营成果和现金流量等有关信息。

四、重要会计政策和会计估计

企业应当披露采用的重要会计政策和会计估计，不重要的会计政策和会计估计可以不披露。在披露重要会计政策和会计估计时，应当披露重要会计政策的确定依据和财务报表项目的计量基础，以及会计估计中所采用的关键假设和不确定因素。

五、会计政策和会计估计变更以及差错更正的说明

（一）企业应当在附注中披露与会计政策变更有关的下列信息：

1. 会计政策变更的性质、内容和原因；

2. 当期和各个列报前期财务报表中受影响的项目名称和调整金额；

3. 无法进行追溯调整的，说明该事实和原因以及开始应用变更后的会计政策的时点、具体应用情况。

（二）企业应当在附注中披露与会计估计变更有关的下列信息：

1. 会计估计变更的内容和原因；

2. 会计估计变更对当期和未来期间的影响数；

3. 会计估计变更的影响数不能确定的，披露这一事实和原因。

（三）企业应当在附注中披露与前期差错更正有关的下列信息：

1. 前期差错的性质；

2. 各个列报前期财务报表中受影响的项目名称和更正金额；

3. 无法进行追溯重述的，说明该事实和原因以及对前期差错开始进行更正的时点、具体更正情况。

六、报表重要项目的说明

企业对报表重要项目的说明，应当按照资产负债表、利润表、现金流量表、所有者权益变动表及其项目列示的顺序，采用文字和数字描述相结合的方式进行披露。报表重要项目的明细

金额合计，应当与报表项目金额相衔接。

（一）交易性金融资产的披露格式如下：

项目	年末公允价值	年初公允价值
1. 交易性债券投资		
2. 交易性权益工具投资		
3. 指定为以公允价值计量且其变动计入当期损益的金融资产		
4. 衍生金融资产		
5. 其他		
合计		

（二）应收款项。

1. 应收账款按账龄结构披露的格式如下：

账龄结构	年末账面余额	年初账面余额
1 年以内（含 1 年）		
1 年至 2 年（含 2 年）		
2 年至 3 年（含 3 年）		
3 年以上		
合计		

注：有应收票据、预付账款、长期应收款、其他应收款的，比照应收账款进行披露。

2. 应收账款按客户类别披露的格式如下：

客户类别	年末账面余额	年初账面余额
客户 1		
……		
其他客户		
合计		

注：有应收票据、预付账款、长期应收款、其他应收款的，比照应收账款进行披露。

（三）存货。

1. 存货的披露格式如下：

存货种类	年初账面余额	本年增加额	本年减少额	年末账面余额
1. 原材料				
2. 在产品				
3. 库存商品				
4. 周转材料				
5. 消耗性生物资产				
……				
合计				

2. 说明消耗性生物资产的年末实物数量，并按下列格式披露金额信息：

项目	年初账面余额	本年增加额	本年减少额	年末账面余额
一、种植业				
1.				
……				
二、畜牧养殖业				
1.				
……				
三、林业				
1.				
……				
四、水产业				
1.				
……				
合计				

3. 存货跌价准备的披露格式如下：

存货种类	年初账面余额	本年计提额	本年减少额		年末账面余额
			转回	转销	
1. 原材料					
2. 在产品					
3. 库存商品					
4. 周转材料					
5. 消耗性生物资产					
6. 建造合同形成的资产					
……					
合计					

（四）其他流动资产的披露格式如下：

项目	年末账面价值	年初账面价值
1.		
……		
合计		

注：有长期待摊费用、其他非流动资产的，比照其他流动资产进行披露。

（五）可供出售金融资产的披露格式如下：

项目	年末公允价值	年初公允价值
1. 可供出售债券		
2. 可供出售权益工具		
3. 其他		
合计		

（六）持有至到期投资的披露格式如下：

项目	年末账面余额	年初账面余额
1.		
……		
合计		

（七）长期股权投资。

1. 长期股权投资的披露格式如下：

被投资单位	年末账面余额	年初账面余额
1.		
……		
合计		

2. 被投资单位由于所在国家或地区及其他方面的影响，其向投资企业转移资金的能力受到限制的，应当披露受限制的具体情况。

3. 当期及累计未确认的投资损失金额。

（八）投资性房地产。

1. 企业采用成本模式进行后续计量的，应当披露下列信息：

项目	年初账面余额	本年增加额	本年减少额	年末账面余额
一、原价合计				
1. 房屋、建筑物				
2. 土地使用权				
二、累计折旧和累计摊销合计				
1. 房屋、建筑物				
2. 土地使用权				
三、投资性房地产减值准备累计金额合计				
1. 房屋、建筑物				
2. 土地使用权				
四、投资性房地产账面价值合计				
1. 房屋、建筑物				
2. 土地使用权				

2. 企业采用公允价值模式进行后续计量的，应当披露投资性房地产公允价值的确定依据及公允价值金额的增减变动情况。

3. 如有房地产转换的，应当说明房地产转换的原因及其影响。

（九）固定资产。

1. 固定资产的披露格式如下：

项目	年初账面余额	本年增加额	本年减少额	年末账面余额
一、原价合计				
其中：房屋、建筑物				
机器设备				
运输工具				
……				
二、累计折旧合计				
其中：房屋、建筑物				
机器设备				
运输工具				
……				
三、固定资产减值准备累计金额合计				
其中：房屋、建筑物				
机器设备				
运输工具				
……				
四、固定资产账面价值合计				
其中：房屋、建筑物				
机器设备				
运输工具				

2. 企业确有准备处置固定资产的，应当说明准备处置的固定资产名称、账面价值、公允价值、预计处置费用和预计处置时间等。

（十）生产性生物资产和公益性生物资产。

1. 说明各类生物资产的年末实物数量，并按下列格式披露金额信息：

项目	年初账面价值	本年增加额	本年减少额	年末账面价值
一、种植业				
1.				
……				
二、畜牧养殖业				
1.				

……				
三、林业				
1.				
……				
四、水产业				
1.				
……				
合计				

如有天然起源的生物资产，还应披露该资产的类别、取得方式和数量等。

2. 各类生产性生物资产的预计使用寿命、预计净残值、折旧方法、累计折旧和减值准备累计金额。

3. 与生物资产相关的风险情况与管理措施。

（十一）油气资产。

1. 当期在国内和国外发生的取得矿区权益、油气勘探和油气开发各项支出的总额。

2. 油气资产的披露格式如下：

项目	年初账面余额	本年增加额	本年减少额	年末账面余额
一、原价合计				
1. 探明矿区权益				
2. 未探明矿区权益				
3. 井及相关设施				
二、累计折耗合计				
1. 探明矿区权益				
2. 井及相关设施				
三、油气资产减值准备累计金额合计				
1. 探明矿区权益				
2. 未探明矿区权益				
3. 井及相关设施				
四、油气资产账面价值合计				
1. 探明矿区权益				
2. 未探明矿区权益				
3. 井及相关设施				

（十二）无形资产。

1. 各类无形资产的披露格式如下：

项目	年初账面余额	本年增加额	本年减少额	年末账面余额
一、原价合计				
1.				
……				
二、累计摊销额合计				
1.				
……				
三、无形资产减值准备累计金额合计				
1.				
……				
四、无形资产账面价值合计				
1.				
……				

2. 计入当期损益和确认为无形资产的研究开发支出金额。

（十三）商誉的形成来源、账面价值的增减变动情况。

（十四）递延所得税资产和递延所得税负债。

1. 已确认递延所得税资产和递延所得税负债的披露格式如下：

项目	年末账面余额	年初账面余额
一、递延所得税资产		
1.		
……		
合计		
二、递延所得税负债		
1.		
……		
合 计		

2. 未确认递延所得税资产的可抵扣暂时性差异、可抵扣亏损等的金额（存在到期日的，还应披露到期日）。

（十五）所有权受到限制的资产。

1. 资产所有权受到限制的原因。

2. 所有权受到限制的资产金额披露格式如下：

所有权受到限制的资产类别	年初账面价值	本年增加额	本年减少额	年末账面价值
一、用于担保的资产				
1.				
……				
二、其他原因造成所有权受到限制的资产				
1.				
……				
合计				

（十六）交易性金融负债的披露格式如下：

项目	年末公允价值	年初公允价值
1. 发行的交易性债券		
2. 指定为以公允价值计量且其变动计入当期损益的金融负债		
3. 衍生金融负债		
4. 其他		
合计		

（十七）职工薪酬。

1. 应付职工薪酬的披露格式如下：

项目	年初账面余额	本年增加额	本年支付额	年末账面余额
一、工资、奖金、津贴和补贴				
二、职工福利费				
三、社会保险费				
其中：1. 医疗保险费				
2. 基本养老保险费				
3. 年金缴费				
4. 失业保险费				
5. 工伤保险费				
6. 生育保险费				
四、住房公积金				
五、工会经费和职工教育经费				
六、非货币性福利				

七、因解除劳动关系给予的补偿				
八、其他				
其中：以现金结算的股份支付				
合计				

2. 企业本年为职工提供的各项非货币性福利形式、金额及其计算依据。

（十八）其他流动负债的披露格式如下：

项目	年末账面余额	年初账面余额
1.		
……		
合计		

注：有预计负债、其他非流动负债的，比照其他流动负债进行披露。

（十九）短期借款和长期借款。

1. 借款的披露格式如下：

项目	短期借款		长期借款	
	年末账面余额	年初账面余额	年末账面余额	年初账面余额
信用借款				
抵押借款				
质押借款				
保证借款				
合计				

2. 对于年末逾期借款，应分别对贷款单位、借款金额、逾期时间、年利率、逾期未偿还原因和预期还款期等进行披露。

（二十）应付债券的披露格式如下：

项目	年初账面余额	本年增加额	本年减少额	年末账面余额
1.				
……				
合计				

（二十一）长期应付款的披露格式如下：

项目	年末账面价值	年初账面价值
1.		
……		
合 计		

（二十二）营业收入。

1. 营业收入的披露格式如下：

项目	本年发生额	上年发生额
1. 主营业务收入		
2. 其他业务收入		
合计		

2. 披露建造合同当期预计损失的原因和金额，同时按下列格式披露：

<table>
<tr><th colspan="2">合同项目</th><th>总金额</th><th>累计已发生成本</th><th>累计已确认毛利
（亏损以“－”号表示）</th><th>已办理结算的价款金额</th></tr>
<tr><td rowspan="3">固定造价合同</td><td>1.</td><td></td><td></td><td></td><td></td></tr>
<tr><td>……</td><td></td><td></td><td></td><td></td></tr>
<tr><td>合计</td><td></td><td></td><td></td><td></td></tr>
<tr><td rowspan="3">成本加成合同</td><td>1.</td><td></td><td></td><td></td><td></td></tr>
<tr><td>……</td><td></td><td></td><td></td><td></td></tr>
<tr><td>合计</td><td></td><td></td><td></td><td></td></tr>
</table>

（二十三）公允价值变动收益的披露格式如下：

产生公允价值变动收益的来源	本年发生额	上年发生额
1.		
……		
合计		

（二十四）投资收益。

1. 投资收益的披露格式如下：

产生投资收益的来源	本年发生额	上年发生额
1.		
……		
合计		

2. 按照权益法核算的长期股权投资，直接以被投资单位的账面净损益计算确认投资损益的事实及原因。

（二十五）资产减值损失的披露格式如下：

项目	本年发生额	上年发生额
一、坏账损失		
二、存货跌价损失		
三、可供出售金融资产减值损失		
四、持有至到期投资减值损失		
五、长期股权投资减值损失		
六、投资性房地产减值损失		
七、固定资产减值损失		
八、工程物资减值损失		
九、在建工程减值损失		
十、生产性生物资产减值损失		
十一、油气资产减值损失		
十二、无形资产减值损失		
十三、商誉减值损失		
十四、其他		
合计		

（二十六）营业外收入的披露格式如下：

项目	本年发生额	上年发生额
1. 非流动资产处置利得合计		
其中：固定资产处置利得		
无形资产处置利得		
……		
合计		

（二十七）营业外支出的披露格式如下：

项目	本年发生额	上年发生额
1. 非流动资产处置损失合计		
其中：固定资产处置损失		
无形资产处置损失		
……		
合 计		

（二十八）所得税费用。

1. 所得税费用（收益）的组成，包括当期所得税、递延所得税。

2. 所得税费用（收益）与会计利润的关系。

（二十九）企业应当披露取得政府补助的种类及金额。

（三十）每股收益。

1. 基本每股收益和稀释每股收益分子、分母的计算过程。

2. 列报期间不具有稀释性但以后期间很可能具有稀释性的潜在普通股。

3. 在资产负债表日至财务报告批准报出日之间，企业发行在外普通股或潜在普通股股数发生重大变化的情况，如股份发行、股份回购、潜在普通股发行、潜在普通股转换或行权等。

（三十一）企业可以按照费用的性质分类披露利润表。

（三十二）其他综合收益各项目，应当按以下格式和内容披露：

项目	本期发生额	上期发生额
1. 可供出售金融资产产生的利得（损失）金额		
减：可供出售金融资产产生的所得税影响		
前期计入其他综合收益当期转入损益的净额		
小计		
2. 按照权益法核算的在被投资单位其他综合收益中所享有的份额		

减：按照权益法核算的在被投资单位其他综合收益中所享有的份额产生的所得税影响		
前期计入其他综合收益当期转入损益的净额		
小计		
3. 现金流量套期工具产生的利得（或损失）金额		
减：现金流量套期工具产生的所得税影响		
前期计入其他综合收益当期转入损益的净额		
转为被套期项目初始确认金额的调整额		
小计		
4. 外币财务报表折算差额		
减：处置境外经营当期转入损益的净额		
小 计		
5. 其他		
减：由其他计入其他综合收益产生的所得税影响		
前期其他计入其他综合收益当期转入损益的净额		
小计		
合计		

（三十三）非货币性资产交换。

1. 换入资产、换出资产的类别。

2. 换入资产成本的确定方式。

3. 换入资产、换出资产的公允价值及换出资产的账面价值。

（三十四）股份支付。

1. 当期授予、行权和失效的各项权益工具总额。

2. 年末发行在外股份期权或其他权益工具行权价的范围和合同剩余期限。

3. 当期行权的股份期权或其他权益工具以其行权日价格计算的加权平均价格。

4. 股份支付交易对当期财务状况和经营成果的影响。

（三十五）债务重组（具体披露信息）。

（三十六）借款费用。

1. 当期资本化的借款费用金额。

2. 当期用于计算确定借款费用资本化金额的资本化率。

（三十七）外币折算。

1. 计入当期损益的汇兑差额。

2. 处置境外经营对外币财务报表折算差额的影响。

（三十八）企业合并（具体披露信息）。

（三十九）租赁。

1. 融资租赁出租人应当说明未实现融资收益的余额，并披露与融资租赁有关的下列信息：

剩余租赁期	最低租赁收款额
1 年以内（含 1 年）	
1 年以上 2 年以内（含 2 年）	
2 年以上 3 年以内（含 3 年）	
3 年以上	
合计	

2. 经营租赁出租人各类租出资产的披露格式如下：

经营租赁租出资产类别	年末账面价值	年初账面价值
1. 机器设备		
2. 运输工具		
……		
合计		

3. 融资租赁承租人应当说明未确认融资费用的余额，并披露与融资租赁有关的下列信息：

（1）各类租入固定资产的年初和年末原价、累计折旧额、减值准备累计金额。

（2）以后年度将支付的最低租赁付款额的披露格式如下：

剩余租赁期	最低租赁付款额
1 年以内（含 1 年）	
1 年以上 2 年以内（含 2 年）	
2 年以上 3 年以内（含 3 年）	
3 年以上	
合计	

4. 对于重大的经营租赁，经营租赁承租人应当披露下列信息：

剩余租赁期	最低租赁付款额
1 年以内（含 1 年）	
1 年以上 2 年以内（含 2 年）	
2 年以上 3 年以内（含 3 年）	
3 年以上	
合计	

5. 披露各售后租回交易以及售后租回合同中的重要条款。

（四十）终止经营的披露格式如下：

项目	本年发生额	上年发生额
一、终止经营收入		
减：终止经营费用		
二、终止经营利润总额		
减：终止经营所得税费用		
三、终止经营净利润		

（四十一）分部报告。

1. 主要报告形式是业务分部的披露格式如下：

项目	××业务		××业务		其他		抵消		合计	
一、营业收入										
其中：对外交易收入										
分部间交易收入										
二、营业费用										
三、营业利润（亏损）										
四、资产总额										
五、负债总额										
六、补充信息										
1. 折旧和摊销费用										
2. 资本性支出										
3. 折旧和摊销以外的非现金费用										

注：主要报告形式是地区分部的，比照业务分部格式进行披露。

2. 在主要报告形式的基础上，对于次要报告形式，企业还应披露对外交易收入、分部资产总额。

七、或有事项

企业应当在附注中披露与或有事项有关的下列信息：

（一）预计负债。

1. 预计负债的种类、形成原因以及经济利益流出不确定性的说明。
2. 各类预计负债的期初、期末余额和本期变动情况。
3. 与预计负债有关的预期补偿金额和本期已确认的预期补偿金额。

（二）或有负债（不包括极小可能导致经济利益流出企业的或有负债）。

1. 或有负债的种类及其形成原因，包括已贴现商业承兑汇票、未决诉讼、未决仲裁、对外提供担保等形成的或有负债。

2. 经济利益流出不确定性的说明。

3. 或有负债预计产生的财务影响，以及获得补偿的可能性；无法预计的，应当说明原因。

4. 企业通常不应当披露或有资产。但或有资产很可能会给企业带来经济利益的，应当披露其形成的原因、预计产生的财务影响等。

八、资产负债表日后事项

（一）每项重要的资产负债表日后非调整事项的性质、内容，及其对财务状况和经营成果的影响。无法做出估计的，应当说明原因。

（二）资产负债表日后，企业利润分配方案中拟分配的以及经审议批准宣告发放 的股利或利润。

九、关联方关系及其交易

（一）本企业的母公司有关信息披露格式如下：

母公司名称	注册地	业务性质	注册资本

母公司不是本企业最终控制方的，说明最终控制方名称。

母公司和最终控制方均不对外提供财务报表的，说明母公司之上与其最相近的对外提供财务报表的母公司名称。

（二）母公司对本企业的持股比例和表决权比例。

（三）本企业的子公司有关信息披露格式如下：

子公司名称	注册地	业务性质	注册资本	持股比例	表决权比例
1.					
……					

（四）本企业的合营企业有关信息披露格式如下：

被投资单位名称	注册地	业务性质	注册资本	本企业持股比例	本企业在被投资单位表决权比例	期末资产总额	期末负债总额	本期营业收入总额	本期净利润
1.									

…									

注：有联营企业的，比照合营企业进行披露。

（五）本企业与关联方发生交易的，分别说明各关联方关系的性质、交易类型及交易要素。交易要素至少应当包括：

1. 交易的金额；
2. 未结算项目的金额、条款和条件，以及有关提供或取得担保的信息；
3. 未结算应收项目的坏账准备金额；
4. 定价政策。

十、风险管理（略）

十一、合并现金流量表

（一）企业应当采用间接法在现金流量表附注中披露将净利润调节为经营活动现金流量的信息。格式如下：

补充资料	行次	本年金额	上年金额
1. 将净利润调节为经营活动现金流量：			
净利润			
加：资产减值准备			
固定资产折旧、油气资产折耗、生产性生物资产折旧			
无形资产摊销			
长期待摊费用摊销			
处置固定资产、无形资产和其他长期资产的损失（收益以“－”号填列）			
固定资产报废损失（收益以“－”号填列）			
公允价值变动损失（收益以“－”号填列）			
财务费用（收益以“－”号填列）			
投资损失（收益以“－”号填列）			
递延所得税资产减少（增加以“－”号填列）			
递延所得税负债增加（减少以“－”号填列）			
存货的减少（增加以“－”号填列）			
经营性应收项目的减少（增加以“－”号填列）			
经营性应付项目的增加（减少以“－”号填列）			
其他			

经营活动产生的现金流量净额			
2. 不涉及现金收支的重大投资和筹资活动：			
债务转为资本			
一年内到期的可转换公司债券			
融资租入固定资产			
3. 现金及现金等价物净变动情况：			
现金的期末余额			
减：现金的期初余额			
加：现金等价物的期末余额			
减：现金等价物的期初余额			
现金及现金等价物净增加额			

（二）按下列格式披露当期取得或处置子公司及其他营业单位有关信息：

项目	金额
一、取得子公司及其他营业单位的有关信息	
1. 取得子公司及其他营业单位的价格	
2. 取得子公司及其他营业单位支付的现金和现金等价物	
减：子公司及其他营业单位持有的现金和现金等价物	
3. 取得子公司及其他营业单位支付的现金净额	
4. 取得子公司的净资产	
流动资产	
非流动资产	
流动负债	
非流动负债	
二、处置子公司及其他营业单位的有关信息	
1. 处置子公司及其他营业单位的价格	
2. 处置子公司及其他营业单位收到的现金和现金等价物	
减：子公司及其他营业单位持有的现金和现金等价物	
3. 处置子公司及其他营业单位收到的现金净额	
4. 处置子公司的净资产	
流动资产	
非流动资产	
流动负债	
非流动负债	

（三）披露现金和现金等价物的有关信息：

项目	本年余额	上年金额
一、现金		
其中：库存现金		
可随时用于支付的银行存款		
可随时用于支付的其他货币资金		
可用于支付的存放中央银行款项		
存放同业款项		
拆放同业款项		
二、现金等价物		
其中：三个月内到期的债券投资		
三、期末现金及现金等价物余额		
其中：母公司或集团内子公司使用受限制的		
现金及现金等价物		

十二、母公司和子公司信息

（一）子公司有关信息的披露格式如下：

子公司名称	注册地	业务性质	注册资本	本企业合计持股比例	本企业合计享有的表决权
1.					
…					

（二）母公司拥有被投资单位表决权不足半数但能对被投资单位形成控制的原因。

（三）母公司直接或通过其他子公司间接拥有被投资单位半数以上的表决权但未能对其形成控制的原因。

（四）子公司所采用的会计政策与母公司不一致的，按母公司编制合并财务报表的处理方法。

（五）子公司与母公司会计期间不一致的，母公司编制合并财务报表的处理方法。

（六）本年不再纳入合并范围的原子公司，说明原子公司的名称、注册地、业务性质、母公司的持股比例和表决权比例，以及本年不再成为子公司的原因。

原子公司在处置日和上一会计期间资产负债表日资产、负债和所有者权益的金额以及本年期初至处置日的收入、费用和利润的金额。

（七）子公司向母公司转移资金的能力受到严格限制的情况。

（八）作为子公司纳入合并范围的特殊目的主体的业务性质、业务活动等。

十三、按照有关财务会计制度应披露的其他内容

十四、尚未执行新企业会计准则的企业可不披露新准则专用项目

参考文献

1. 中华人民共和国财政部．企业会计准则．北京：经济科学出版社，2006
2. 中华人民共和国财政部．企业会计准则——应用指南．北京：经济科学出版社，2006
3. 于晓镭，徐兴恩．新企业会计准则实用手册．北京：机械工业出版社，2006
4. 于晓镭，徐兴恩．新企业会计准则实务指南与讲解．北京：机械工业出版社，2006
5. 李昕．财务报表分析．大连：东北财经大学出版社，2009
6. 李昕．财务报表分析习题与案例．大连：东北财经大学出版社，2008
7. 高其富．职业经理人财务素养训练．北京：中国科学出版社，2007
8. 张新民，钱爱民．企业财务报表分析．北京：清华大学出版社，2009
9. 崔世光．财务报告分析．天津：南开大学出版社，2006
10. 杨显英．财务分析理论与实务．上海：立信会计出版社，2006
11. 李敏．会计分析技术．上海：上海财经大学出版社，2006
12. 张晖，张旭霞．新编财务报告分析实例——任务与解决方案．北京：北京大学出版社，2009
13. 翔鸿，甘世兴．数字背后的秘密——轻松看透财务报表．北京：企业管理出版社，2010
14. 张真卿，李美燕．一看就懂——财务报表．北京：中国财政经济出版社，2010
15. 张萌．一口气看懂财务报表．北京：民主与建设出版社，2010
16. 鲁亮升，王颖梅．财务分析．长沙：湖南人民出版社，2007
17. 张先治．财务分析．大连：东北财经大学出版社，2006
18. 张志风，崔也光．简单轻松阅读财务报表．北京：中国市场出版社，2006
19. 王淑萍，史建梁，王志永．财务报告分析．北京：科学出版社，2006